ELMAR BARTEL

Einfach besser sprechen

Mainz · London · Berlin · Madrid · New York · Paris · Prague · Tokyo · Toronto
© 2017 SCHOTT MUSIC GmbH & Co. KG, Mainz · Printed in Germany

Für Cisco

Wenn du sprichst, wiederholst du nur,
was du schon weißt; wenn du aber zuhörst,
kannst du unter Umständen
etwas Neues lernen.

Dalai Lama Tenzin Gyatso,
14. geistiges und politisches Oberhaupt der Tibeter

Inhalt

Einige Worte vorab (Claus Kleber) 6
Einleitung 7

I. Ihr Werkzeugkasten für gutes Sprechen 8/9
Weshalb sprechen wir? 9
Vorbereitung ist (fast) alles 10
Frei – aber nicht auswendig 14
Körpersprache – Mimik – Gestik 15
„Augenblick mal!" 16
Zielgerichtete Ansprache 16
Das emotionale Gedächtnis 17
Ausstrahlung und Begeisterung 18
Stringent, pointiert und anschaulich 19
„Der Ton macht die Musik" 20
Deutliche Aussprache 20
Abwechslungsreiche Intonation 21
Sparsame Betonung 21
Mal Pause machen 22
Die tolle Stimme? 23
Humor und Originalität 24
Versprecher sind keine Katastrophe 25
Lampenfieber? 27
Gelassenheit und bewusste Atmung 28
Selbstvertrauen ist gut –
Selbstkontrolle ist besser 29
Die Gestern-Heute-Morgen-Regel 30

II. Den Sprechraum entdecken 34/35
Das innere Orchester 35
Tonerzeugung und Klangverstärkung 36

III. Haltung zeigen – Entspannung zulassen 42/43
Sprache und Körperhaltung 43
Sprache und Gelassenheit 48

IV. Atmen kann jeder – oder? 50/51
Den Atem beherrschen 51
Die Tiefatmung mit dem Zwerchfell 53
Gähnspannung – was ist das? 57
Die Atemstütze 58

V. Die Stimme kennenlernen 62/63
Stimme und Persönlichkeit 63
Die eigene Tonlage 65
Das Gefühl für die Stimme 66
Die Stimmpflege 67
Der Stimmsitz 69
Die Stimme modulieren 72
Das Stimmpotenzial 73
Kopf- und Bruststimme – For Ladies only? ...78

VI. Die Laute und ihre Artikulation — 80/81

Laute, Buchstaben – Konsonanten, Vokale 83
Die Vokale 84
    Die Diphthonge 100
Die Konsonanten 103
    Die Klinger 105
    Die Reibelaute 113
    Die Verschluss- oder Explosivlaute 124
Konzentrationsübungen 134

VII. Betonungen richtig setzen — 136/137

Unterschiedliche Betonungsarten 138
Zur Vortragsvorbereitung 139
Die wichtigsten Regeln 140

VIII. Checkliste — 148

Anhang — 150

Zum Schluss 150
So klingt's richtig 152
Verzeichnis der Körperübungen 158
Literaturempfehlungen 159
CD-Verzeichnis 160
Mitwirkende der CD 163
Danke 164
Fotonachweis 165

All diese „Bereiche" brauchen Sie für Ihren sprachlichen Auftritt. Da alle gleich wichtig sind, haben sie auch dieselbe Größe. Mit der Farbe finden Sie schnell die entsprechenden Kapitel zu den Themen.

Einige Worte vorab

Dieses Handbuch ist nicht nur für Profis am Mikrofon, sondern für alle, denen eine gute Aussprache wichtig ist, die darauf angewiesen sind, andere Menschen für ihre Botschaften und für ihre Überzeugung zu gewinnen – in ihrem privaten Leben wie im Beruf. Eine gute mündliche Kommunikation ist das A und O, um verstanden zu werden, um anzukommen.

Es ist immer wieder erschreckend zu sehen, wie viel da verloren geht. In den Schulen lernen wir zwar so wichtige Dinge wie Rechtschreibung, Grammatik oder auch, wie man Aufsätze schreibt. Aber deutliches Sprechen? Fehlanzeige! Dabei lohnt es sich, in die Kunst des natürlichen (eben nicht künstlichen) Sprechens etwas Zeit und Mühe zu investieren.

Der Autor dieses unterhaltsamen Lehrbuchs ist mein lieber Kollege Elmar Bartel. Er hatte großes Glück im Unglück: Bei ihm hatte ein Schlaganfall nicht zu solch einer schweren sprachlichen Einschränkung geführt, wie das bei vielen Betroffenen der Fall ist. Er kehrte ungewöhnlich schnell in seinen Job als Nachrichtensprecher im ZDF zurück. Live!

Zehn Jahre nach seiner persönlichen Katastrophe will er anderen nun mit seinem Buch Mut machen. „Einfach besser sprechen" ist somit auch etwas für Menschen, die das Selbstverständliche wieder völlig neu erlernen müssen: die eigene Sprache.

Mit dem Kauf dieses Buchs unterstützen Sie übrigens zudem die Projekte der „Deutschen Gesellschaft für Sprachheilpädagogik e. V." mit jeweils einem Euro!

Ich wünsche Ihnen viel Freude beim Lesen und Lernen.

Claus Kleber,
Journalist, ZDF-Moderator

Einleitung

Wollen oder müssen Sie manchmal vor anderen sprechen? Zum Beispiel einen Vortrag halten, ein Projekt präsentieren, eine Diskussion moderieren oder einfach eine Gruppe von Menschen begrüßen und informieren?

Das kann man auf sehr unterschiedliche Weise machen. In erster Linie geht es aber immer darum, dass das, was Sie sagen, verstanden wird. „Einfach besser sprechen" zeigt Ihnen, wie Sie das wertvolle Potenzial Ihrer Stimme für sich nutzen können, damit Ihre Botschaft bei Ihrem Gegenüber bestmöglich „ankommt" und Sie die gewünschte Wirkung erzielen. Denn: Ein sicheres und überzeugendes Auftreten ist für jeden Menschen wichtig. Zudem hebt ein müheloses Sprechen mit einer klaren und klangvollen Aussprache das eigene Selbstwertgefühl.

In dem vorliegenden Buch möchte ich Sie mit der Kunst des guten Sprechens vertraut machen und Ihnen die Grundbegriffe dieses Handwerks leicht verständlich vermitteln.

Als der Musikpädagoge Julius Hey um das Jahr 1900 sein Werk „Deutscher Gesangsunterricht" für Gesangs- und Schauspielschüler veröffentlichte, konnte er nicht ahnen, welche Erfolgsgeschichte dieses Lehrbuch einmal schreiben würde. Bis heute ist die gekürzte Fassung mit dem Titel „Der kleine Hey – Die Kunst des Sprechens" in Deutschland ein Klassiker der Sprecherziehung. „Einfach besser sprechen" ist eine respektvolle Hommage an den „guten alten Hey".

Ich habe mir erlaubt, einige der bewährten Übungen aus dem großartigen Werk in dieses Buch zu übernehmen. Zusammen mit meinen praktischen Erfahrungen als Berufssprecher und den fundierten Übungen von Ulrike Völger – deren Kompetenz auch durch viele Gespräche in dieses Buch eingeflossen ist – ist das Buch ein Einstieg für all diejenigen, denen ein guter sprachlicher Auftritt wichtig ist. Wenn Sie sich anschließend noch intensiver mit diesem Thema befassen möchten, empfehle ich Ihnen ein individuelles Sprechtraining an entsprechenden Schulen oder Instituten.

Hören Sie nie auf, Ihr „Mundwerk" zu trainieren! Ich wünsche Ihnen viel Spaß und Erfolg dabei.

Hals- und Stimmbruch!

Ihr Elmar Bartel

Deine Sprache zeigt, was du heute bist,
und sie bestimmt, was du morgen sein wirst.

Laotse,
chinesischer Philosoph

1. Ihr Werkzeugkasten für gutes Sprechen

In den klassischen Romanen wie „Kleider machen Leute" oder „Der Hauptmann von Köpenick" gewinnen einfache Leute bereits durch ihre äußere Erscheinung Ansehen und Wohlstand. Im Musical „My Fair Lady" (nach der literarischen Vorlage „Pygmalion" von Bernhard Shaw) gelingt es Eliza Doolittle durch eine gute Sprache in bessere Kreise und ein höheres gesellschaftliches Niveau aufzusteigen. – Sie sehen: Sprache lässt Sie gut aussehen …!

Im Alltag wechseln wir öfter unsere Rollen als Schauspieler im Theater: Mal sind wir in der Rolle „Mama" oder „Papa", mal sprechen wir mit dem Pförtner, mal mit unseren Mitarbeitern, dann mit dem Chef und vielleicht kurz darauf mit unserem Psychologen. Jedes Mal ändern wir die Art des Sprechens – meist ohne es zu merken. Wenn Sie sich aber mit dem Thema Sprechen auseinandergesetzt haben, können Sie jederzeit ganz bewusst „umschalten": z. B. von einer lässigen auf eine elegante, kultiviertere Sprache.

Gleich zu Beginn sollen hier die wichtigsten „Werkzeuge" vorgestellt werden, die Ihnen helfen können, Ihre sprachlichen Qualitäten zu entfalten.

Weshalb sprechen wir?

Wir sprechen,
- … um miteinander zu kommunizieren: Gedanken auszutauschen, Gespräche zu führen, Zuwendung zu schenken, zu trösten, zu plaudern, sich zu verständigen usw.
- … um etwas mitzuteilen: zu informieren, zu erzählen, zu kommentieren, etwas anzubieten usw.
- … um uns künstlerisch auszudrücken: z. B. durch Theaterspielen, Improvisieren, das Vorlesen einer Geschichte, den Vortrag eines Gedichts usw.

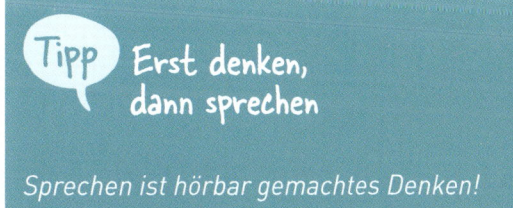

Tipp Erst denken, dann sprechen

Sprechen ist hörbar gemachtes Denken!

Ihr Werkzeugkasten für gutes Sprechen

Was kann Sprache?

Sprache ist eine Kombination aus Stimme, Stimmung und Inhalten. Sie kann z. B.:

informieren

kommunizieren

motivieren

Gefühle vermitteln

Zuwendung schenken

beeinflussen

singen

warnen

beruhigen

Stimmungen schaffen

ermüden

verführen

verkünden

Vorbereitung ist (fast) alles

Kein Auftritt als Musiker, Clown, Dozent oder Sprecher ist ohne sie möglich: eine gute und gewissenhafte Vorbereitung. Egal, ob Sie ein Referat halten, ein wichtiges Gespräch führen, ein Seminar leiten, routinemäßige Ansagen machen, eine Rede an die Nation halten oder ein Märchen vorlesen – bereiten Sie sich gut vor.

Besonders wenn Sie vor Publikum sprechen, sollten Sie sich rechtzeitig Gedanken machen, was zu Ihrer persönlichen Vorbereitung gehört. Machen Sie sich eine Checkliste. Hier eine Orientierungshilfe:

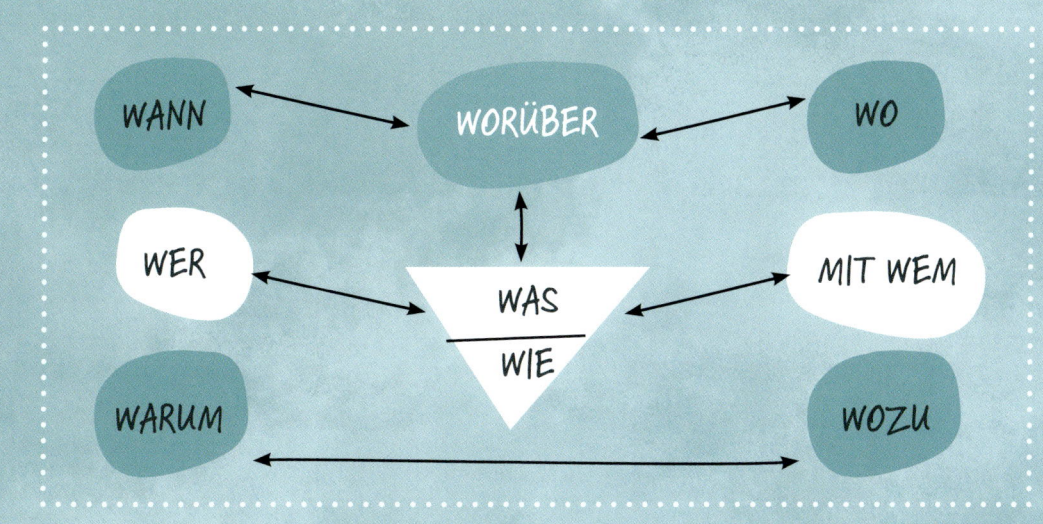

Die inhaltliche Vorbereitung:

Jedes Sprechen bezieht sich auf eine Situation. Deshalb sollten Sie sich die folgenden „W-Fragen" stellen, um eine gute Basis für das, was Sie sagen wollen, zu erhalten.

- Ist mir klar, über **was** und **worüber** ich sprechen möchte (Thema, meine Meinung, Ideen usw.) und **wie** ich es sagen will (vorsichtig, gelassen, kraftvoll, eindringlich und mit welchen Worten)?
- **Warum** und **wozu** spreche ich, also: Welchen Grund habe ich und was will ich erreichen?
- **Wann** spreche ich? Damit ist nicht nur die Uhrzeit gemeint, sondern vor allem der passende Moment.
- Auch ist entscheidend, **wo** ich etwas sage (öffentlicher Platz, Saal usw.), denn auf die Gegebenheiten muss ich mich entsprechend einstellen.
- **Wer** etwas sagt, sollte seine Rolle kennen: Spreche ich als Chef oder Angestellter, Gast oder Gastgeber, Lehrer oder Schüler? Wie ist das Verhältnis zu meinen Ansprechpartnern – dienstlich, privat, distanziert, persönlich?
- **Zu wem** spreche ich und welche Worte wähle ich, damit man mich versteht? Sind es Laien oder Spezialisten, Kinder oder alte Menschen, aufmerksame Zuhörer oder Laufpublikum?

Darüber hinaus sollten Sie sich fragen:
- Wie lange will bzw. soll ich sprechen?
- Stimmen die Fakten, Namen und Zahlen?
- Wie werden die Namen richtig ausgesprochen?

Ihr Werkzeugkasten für gutes Sprechen

))))) Aus der Praxis

Harry Valérien war ein beliebter Sportjournalist des ZDF. Gewissenhaft, kritisch und neugierig wollte er immer alles ganz genau wissen. Während der Sportübertragungen im Fernsehen fieberte seine Stimme emotionsgeladen mit. Das machte die Sendungen wirklich spannend.

Bei der Fußball-WM 1986 in Mexiko durfte ich ihn als Redaktionsassistent begleiten. Harry war es wichtig, genau zu erfahren, wie der Name des Austragungsortes „Chapultepec" richtig ausgesprochen wird. Also setzten wir uns ins Auto, fuhren zwei Stunden dorthin, gingen in die örtliche Kneipe, fragten die Einheimischen und fuhren anschließend die zwei Stunden zum Sendezentrum zurück ...

Von ihm habe ich gelernt, nur den eigenen Erkundigungen zu trauen und selbst „hinzugehen", um Informationen aus erster Hand zu bekommen.

Die körperliche Vorbereitung:
- Bin ich ausgeruht?
- Habe ich etwas gegessen und getrunken?
- Welche Kleidung ist angemessen – und sitzen Kleidung, Schmuck und Krawatte richtig?
- Zähne geputzt?

Die räumliche Vorbereitung:
- Spreche ich draußen oder drinnen?
- Wie ist der Raum, in dem ich spreche – hallt es oder schlucken die Wände den Schall?
- Brauche ich ein Mikrofon und eine Verstärkeranlage?
- Welche Störungen (Baulärm?) sind zu erwarten?
- Gibt es eine Leselampe? Blendet das Sonnenlicht?
- Kann man die Fenster öffnen?
- Habe ich Blickkontakt zum Publikum?
- Benötige ich einen Assistenten?
- Sitze ich an einem Tisch? Stehe ich frei oder an einem Pult?

Vorbereitung ist (fast) alles

- Gibt es eine Ablage für meine Unterlagen?
- Stimmt die Seitenfolge meines Textausdrucks?
- Ist für ein Glas stilles Wasser gesorgt?
- Funktioniert die Technik zur Präsentation? (Funktionstest machen!)

 **Mikrofonsprechen**

Wenn Sie Ihren Vortrag mit Mikrofon sprechen, sollten Sie unbedingt die Hilfe einer technischen Fachkraft vor Ort in Anspruch nehmen.

Das Sprechermikrofon sollte ungefähr auf Ihre Mundhöhe ausgerichtet sein. Wichtig ist es, den besten Abstand zum Mikrofon und Ihre persönliche Sprechlautstärke zu finden. Zum „Ansprechen" sagen Sie z. B.: „1, 2, 3, Test, Test!"

Ihr Werkzeugkasten für gutes Sprechen

Frei – aber nicht auswendig

Versuchen Sie möglichst frei zu sprechen. Natürlich kann es sinnvoll sein, eine Rede oder einen Vortrag schriftlich auszuformulieren. Lernen Sie den Text aber nicht auswendig, sondern prägen Sie sich gründlich ein, was Sie sagen wollen.

Wenn Sie kein Rednerpult zur Ablage Ihrer Unterlagen zur Verfügung haben, sind Karteikarten im DIN-A5-Format mit Stichpunkten ein bewährtes Hilfsmittel. Darauf können Sie in gut lesbarer, größerer Schrift Themen, Hauptworte, Zahlen und Daten notieren. Auch kleine Bilder sind nützlich: Ein Haus-Symbol kann im Vortrag dann wahlweise ein Gebäude, ein Haus, eine Behausung, eine Villa usw. sein.

Sprechen Sie mit Ihrem Publikum – und nicht mit Ihrem Manuskript!

 *„Doppelt genäht ..."*

Auch wenn Sie die Inhalte Ihres Vortrags an eine Bildwand projizieren, ist es dennoch ratsam, den Text auf DIN-A4-Papier „zur Hand zu haben". Falls der Rechner abstürzt oder auf einmal der Akku leer ist, haben Sie eine „sichere Reserve".

Körpersprache – Mimik – Gestik

Der Körper lügt nie: Körperbewegungen und Gesicht sprechen immer zuerst und sind dabei gnadenlos ehrlich. Bei jeder Begegnung wird zuerst Ihre Körpersprache wahrgenommen. Auch wenn Sie vor Publikum sprechen, sind die gesamte Haltung, die Art, wie Sie sich bewegen, Ihr Gang, Ihre Hände und Ihre Mimik entscheidend.

Nehmen Sie vor einem Vortrag eine bequeme, aber aufrechte Haltung ein (siehe S. 44f.). Ihr Körper ist also locker und in Grundspannung. Machen Sie, bevor Sie beginnen, eine kurze Pause: Trauen Sie sich, zunächst nur dazustehen, ohne etwas zu sagen. Lassen Sie Ihre Augen freundlich, ruhig und langsam über die Zuhörer schweifen und konzentrieren Sie sich auf das, was Sie gleich sagen werden. Wenden Sie dabei nur Ihren Kopf von der einen zur anderen Seite, denn Vorsicht: Sobald Sie sich einem Teil des Publikums mit Ihrem ganzen Körper zuwenden, zeigen Sie den anderen Zuhörern möglicherweise Ihren Rücken. Das wird schnell als respektlos wahrgenommen.

Ihre Mimik sollte offen und freundlich sein. Auch ein ehrlich gemeintes Begrüßungslächeln kann nicht schaden. Wichtig ist, dass Sie sich dabei wohlfühlen. Lächeln Sie nie halbherzig!

Tipp: Keep smiling

Lächeln tut gut – anderen, Ihnen und Ihren gesprochenen Worten.

Ein Trick hierzu: Denken Sie an eine selbst erlebte komische Situation, über die Sie lachen können – dann wirkt Ihr Lächeln überzeugend.

Falls Sie ohne Rednerpult vor dem Publikum stehen: Nehmen Sie nichts in die Hand, was Sie nicht auch wirklich benutzen. Ein Stift zum Beispiel, den Sie nicht brauchen, zeigt nur Ihre Unsicherheit. Kärtchen mit Ihren Stichpunkten oder die Fernbedienung für die PowerPoint-Präsentation sind dagegen in Ordnung.

Natürlich können Sie Ihre Rede mit gezielten Gesten Ihrer Arme und Hände sinnvoll unterstützen. Aber seien Sie sparsam damit! Jede Bewegung sollte vollständig sein, also einen Anfang und ein Ende haben. Wichtig ist, dass Sie Ihren eigenen Impulsen folgen und nicht immer das Gleiche machen.

„Augenblick mal!"

Nehmen Sie den Raum wahr und nehmen Sie immer wieder Blickkontakt zu Ihrem Publikum auf. Vergessen Sie bei Ihrem Blick nicht die rechts und links am Rand Sitzenden. Auch wenn Sie nicht ganz frei sprechen können, richten Sie Ihren Blick so häufig wie möglich zum Publikum.

Das Publikum ist Ihr Gegenüber – nicht das Flipchart, die Projektion, das Manuskript. Bei der Begrüßung, bei Hinweisen, Appellen und bei der Verabschiedung ist Blickkontakt besonders wichtig. Sprechen Sie mit Ihren Augen (siehe „Der Scheinwerfer" S. 46)!

Zielgerichtete Ansprache

Wenden Sie Ihre Aufmerksamkeit aktiv nach außen! Stellen Sie sich vor, Sie drehen die Spitze eines Pfeils von sich weg – in Richtung Ihres Gegenübers. „Knipsen Sie Ihre Neugierde an" und bringen Sie sich ganz bewusst und wach ein! Engagieren Sie sich aktiv – nach dem Motto: „Licht an!"

Sprechen ist selten ein Selbstgespräch. Es ist Kommunikation! Sprechen Sie nicht einfach nur vor sich hin, sondern machen Sie sich immer wieder bewusst, dass Sie jemanden ansprechen, auch wenn – zum Beispiel bei einer Sprachaufnahme im Studio – diese Person im Moment gar nicht da ist. Stellen Sie in solchen Fällen das Foto

eines „Ansprechpartners" vor sich auf – und wenn es das Bild Ihres Hundes ist. Sprechen Sie also bewusst „gerichtet" auf Ihr Publikum oder Ihren Zuhörer – immer mit der Haltung: „*Dir* erzähle ich es. Stell dir *das* mal vor!"

Das emotionale Gedächtnis

Nutzen Sie Ihre eigenen Erlebnisse und Gefühle, um diese beim Sprechen passender Situationen „abzurufen", z. B. das erste Verliebtsein, den Ärger im Straßenverkehr oder das Kakaotrinken damals bei Oma. Verbinden Sie Ihre echten „gespeicherten" Erinnerungen mit dem Text, den Sie vortragen.

 **Aus der Praxis**

Ich wartete als Nachrichtensprecher im Studio auf den Beginn der heute-Sendung. Das ist immer ein spannender Moment für alle Beteiligten, denn Millionen Menschen schauen zu. Der Puls steigt. Auf die Sekunde genau erklingt die Eröffnungsmusik, man erscheint auf dem Bildschirm und sagt: „Guten Abend, meine Damen und Herren, und hier die heute-Nachrichten!"

An jenem Abend begannen die Nachrichten mit einer sehr traurigen Meldung: Ein türkisches Verkehrsflugzeug mit über 200 Schulkindern an Bord war abgestürzt, niemand hatte überlebt. Ich war tief berührt und hatte mir vorgenommen, diese Meldung ernst, ohne gespielte Traurigkeit vorzutragen.

Doch Sekunden vor meinem „Auftritt" passierte dem Kameramann ein Malheur: Er stieß mit seinem Arm eine große Studio-Stoppuhr vom Tisch. Diese krachte scheppernd zu Boden. Metallfedern und Rädchen sprangen heraus und flogen durchs Studio – eine urkomische Situation wie in einem originellen Trickfilm.

Kein Fernsehzuschauer hätte es verstanden, wenn ich während der Meldung vom Flugzeugabsturz in ein Lachen ausgebrochen wäre. – Ich rettete mich, indem ich an etwas dachte, was mich einmal sehr traurig gemacht hatte. In derartigen Situationen helfen Erinnerungen an eigene Schicksalsschläge, z. B. an den Verlust eines geliebten Menschen.

Ausstrahlung und Begeisterung

Warum sind wir manchmal so fasziniert, wenn jemand spricht? Es ist eben nicht nur die Stimme, sondern das, was sie oder er aus dem Text macht. Hier fließt die Persönlichkeit und der Charakter eines Menschen ein. Persönlichkeit entsteht vor allem durch Lebenserfahrung – ohne sie können Sie nicht überzeugen.

Begeistern Sie sich selbst für Ihr Thema, auch wenn Sie damit schon sehr vertraut sind. Nur dann können Sie andere in Ihren Bann ziehen und „der Funke springt über". Wenn Sie nicht voll und ganz hinter dem stehen, was Sie sagen, erreichen Sie niemanden. Es geht nur mit innerer Überzeugung – egal, ob Sie eine Geschichte vorlesen oder eine Ansage machen.

„In dir muss brennen, was du in anderen entzünden willst!", sagte schon Augustinus Aurelius (354–430 n. Chr.).

Stringent, pointiert und anschaulich

„Wann kommt der endlich auf den Punkt?", haben Sie sich sicher auch schon einmal beim einen oder anderen Redner gefragt. Ordnung, Struktur und der Sinn für ein gutes Timing lässt das Gesagte stichhaltig und kurzweilig wirken. Wenn am Schluss noch eine geistreiche Zuspitzung, ein überraschendes Ende kommt, haben Sie die Zuhörer auf Ihrer Seite.

Lassen Sie Ihr Feingefühl entscheiden, ob Sie kürzere oder längere Sätze verwenden und wie viel Information Sie in einen Satz „packen". Kurze Sätze – ohne zahlreiche verschachtelte Nebensätze – prägen sich besser ein!

Bemühen Sie sich um einen ansprechenden und anschaulichen Sprachstil und bringen Sie Beispiele, unter denen man sich etwas vorstellen kann.

Versuchen Sie während eines Vortrags auch immer Ihren Stil und Ihre Stimmung zu verändern – aber natürlich dem Inhalt, dem Anlass und der Situation angepasst. Stilistische Varianz wirkt lebendig und hält Ihre Hörer wach!

 **Aus der Praxis**

Während der Moderation einer Nachtsendung im Radio bekam ich folgenden Text für eine Verkehrsdurchsage ins Studio gereicht: „Achtung Autofahrer, auf der A 66 befinden sich Wildschweine auf der Fahrbahn. Bitte fahren Sie vorsichtig."

Als die Gefahr vorüber war, sollte eine entsprechende Durchsage gemacht werden. Ich überlegte einen Moment und sagte: „Achtung Autofahrer, kein Schwein mehr auf der Autobahn!" Anschließend erhielt ich sehr viele nette Anrufe ...

Haben Sie also den Mut, frei zu formulieren, statt „offizielle Texte" herunterzuleiern!

Ihr Werkzeugkasten für gutes Sprechen

„Der Ton macht die Musik"

Laut oder leise, hell oder dunkel? Ein Schieberegler ermöglicht die stufenlose Einstellung von Musikanlagen, Lampen usw. Beim Sprechen können Sie sich auch immer entscheiden, wie Sie etwas sagen wollen: Sachlich und nüchtern oder begeistert und voller Gefühl. Wer allzu geschäftsmäßig und leidenschaftslos spricht, wirkt möglicherweise gefühlskalt und uninteressant. Wer zu gefühlvoll spricht, bewegt vielleicht die Herzen der Menschen, vermittelt aber keine Inhalte. Versuchen Sie, den richtigen Ton zu treffen.

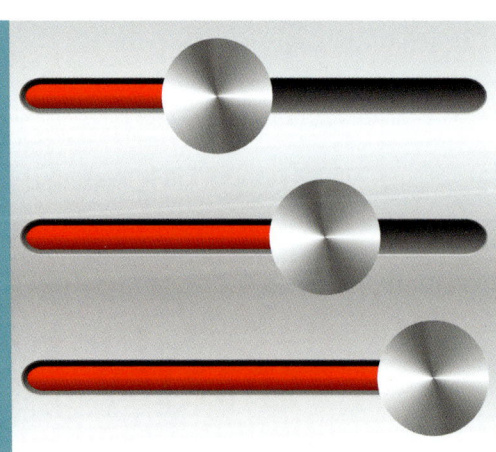

Deutliche Aussprache

Oftmals sind die äußeren Bedingungen bei einem Vortrag nicht optimal. Es gibt Lärmbelästigungen, im Raum ist es unruhig oder die Entfernung zum Zuhörer ist groß. Deshalb ist es besonders wichtig, dass Ihre Aussprache klar und verständlich ist. Es ist gut zu wissen, wie Buchstaben und Worte korrekt ausgesprochen werden. In Deutschland gibt es eine Normsprache, das sogenannte Standardhochdeutsch, auch Hochdeutsch genannt. Danach richten sich alle Regeln zur Aussprache (siehe S. 80f.).

Sprechen Sie also deutlich, je nach Raum- und Publikumsgröße auch entsprechend laut und auf keinen Fall zu schnell.

Achten Sie darauf, so wenig wie möglich „Äh" oder „Em" zu sagen. Lassen Sie nach Möglichkeit auch Füllwörter weg wie „eigentlich", „im Grunde", „ich meine", „sozusagen", „also" usw.

Tipp — Verflixte Wörter

Wenn Sie in einem Vortrag ein schwieriges Wort aussprechen müssen (z. B. einen ungewöhnlich klingenden langen Namen mit vielen Silben), gibt es folgenden Trick:

Zerlegen Sie das Wort oder den Namen in einzelne Silben. Notieren Sie sich das Wort in Großbuchstaben mit Trennungszeichen auf. So wird z. B. aus dem gigantischen isländischen Vulkan „Eyjafjallajökull" ein harmloser: EY-JA-FJALLA-JÖ-KULL.

Abwechslungsreiche Intonation

Kennen Sie diese Eigenart, dass jemand am Ende eines Satzes ständig mit seiner Stimme (Melodiebogen) nach oben geht? Permanente Wiederholungen ähnlicher Tonfolgen oder ein monotones Sprechen auf immer demselben Ton schläfern die Zuhörer ein. Also: Weg von der Routine! Modulieren Sie mit Ihrer Stimme – aber machen Sie auch keine unnatürlichen Melodiebögen. Die Sprechmelodie sollte sich stets nach dem Inhalt richten. Abwechslung in der Intonation hält Ihren Vortrag lebendig.

Sparsame Betonung

Im Alltag sprechen Sie fast immer richtig und betonen auch automatisch richtig. Sie sagen doch wohl:
„Ich **liebe** dich" und nicht: „**Ich** liebe dich", oder? (1)

Seltsamerweise klappt es meist nicht mehr so gut, wenn Sie etwas vorlesen oder vortragen. Versuchen Sie – trotz der ungewohnten Situation – natürlich zu bleiben.

Heben Sie beim Sprechen und beim Vorlesen nicht zu viele Dinge hervor.

Betonen Sie immer nur das, was neu, anders und wirklich wichtig ist. Eine Betonung pro Aussage reicht. – Wer viel betont, betont am Ende nichts (siehe S. 137f.).

Nutzen Sie die Möglichkeiten der Betonung: Lautstärke, Tempo und Tonhöhe. Sprechen Sie mal laut, mal leise, mal schneller, mal langsamer und verwenden Sie mal höhere und mal tiefere Töne (siehe S. 138).

Mal Pause machen

Nutzen Sie die Kunst der Pause (siehe auch S. 138). Viele Redner trauen sich nicht, Pausen zu machen aus Angst, das Publikum zu langweilen. Dieser Eindruck ist eigentlich immer falsch. Sprechpausen sind für Zuhörer kaum zu lang, vorausgesetzt Sie bleiben bei Ihrem Gedanken und verlieren nicht den Faden.

Pausen tun Ihnen und anderen gut. Sie können überlegen und sich auf den weiteren Text konzentrieren. Auch die Zuhörer sind dankbar für den erholsamen Moment der Ruhe. Pausen sorgen für Augenblicke, in denen alle durchatmen können – Sie auch! Pausen ermöglichen, das Gesagte zu verstehen, nachzuvollziehen und zu verarbeiten. In den Pausen wirkt all das nach, was Sie vorgetragen haben.

Machen Sie Pausen sowohl zwischen Ihren Sätzen als auch zwischen den einzelnen Sinnabschnitten eines Satzes. Ein Beispiel:
„Ich lese diesen Absatz / denke darüber nach / und habe ihn verstanden." ②

Spielen Sie mit diesen Pausen – das macht gesprochene Sprache interessant! Wenn Sie etwas besonders Wichtiges, Bemerkenswertes sagen wollen, lassen Sie es durch eine kurze Gedankenpause davor wirken.

Halten Sie manchmal inne und achten Sie auf die Reaktion Ihres Gegenübers. Lassen Sie auch die anderen zu Wort kommen. Man wird Ihnen gern zuhören, wenn Sie selbst gut zuhören können.

„Reden ist Silber – Schweigen ist Gold." Es gibt Situationen, in denen Schweigen besser ist als jedes Wort!

Die tolle Stimme?

Zugegeben: Eine schöne Stimme wirkt schnell sympathisch und vertrauenserweckend. Aber: Schönheit ist nicht alles!

Wichtiger sind das Unverwechselbare, das Einzigartige und der Charakter Ihrer Stimme – so wie die persönliche Note Ihrer Handschrift. Wenn Sie etwas zu sagen haben, ausgeruht und allgemein gut gestimmt sind, wird Ihre Stimme auch gut klingen.

Am Anfang mag es sinnvoll sein, ein Vorbild stimmlich nachzuahmen – das ist eine nützliche Übung (siehe Tipp). Imitieren Sie Ihr Vorbild aber nur so lange, bis Sie Ihren eigenen Stil gefunden haben.

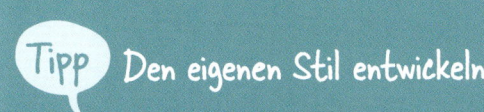 **Den eigenen Stil entwickeln**

Probieren Sie einmal, ein Hörbuch „mitzusprechen". Versuchen Sie, sich an die Sätze des Sprechers möglichst zeitgleich „dranzuhängen". Mit etwas Übung kommen Sie immer dichter an das gehörte Original heran. Dabei nehmen Sie ganz bewusst wahr, wie andere sprechen, klingen und betonen.

Es ist auch durchaus sinnvoll, unterschiedliche Stimmen zu kopieren – und daraus einen eigenen Stil zu entwickeln.

 **Aus der Praxis**

Ich kannte einige junge Redakteure, die quasi „im Windschatten" der Stimme und Sprache eines erfolgreichen Vorbildes sprachen. Das klang „erfahrener", aber auch ungewohnt heiser. Später stellte sich heraus: Das große Vorbild war an Asthma erkrankt und hatte deshalb eine raue Stimme ...

Humor und Originalität

Ein ganz wichtiger Faktor in jeder Art von Rede oder Gespräch ist der Humor. Damit ist nicht gemeint, dass man ständig Witze reißen soll. Der bekannte Satz „Humor ist, wenn man trotzdem lacht" meint, dass man auch in der Lage sein sollte, über sich selbst zu lachen. Auf diese Art und Weise können Sie jede peinliche Situation in eine erträgliche oder sogar erheiternde umwandeln.

Wenn es Ihnen in einem Vortrag oder Meeting gelingt, dass alle – am besten durch Selbsterkenntnis – gemeinsam lachen, haben Sie schon fast gewonnen.

Humor ist schwer zu üben. Gelassenheit und die Fähigkeit, sich selbst nicht zu wichtig zu nehmen, sind gute Voraussetzungen.

Sprechen Sie als Übung einige Gedichte eines humoristischen Klassikers, z. B. von Heinz Erhardt. Achten Sie immer wieder darauf, wodurch Komik und Humor entstehen, und lassen Sie sich davon inspirieren.

„Merk-würdig" zu sein, bedeutet auch, sich kreativ einzubringen. Überraschen Sie Ihr Publikum ruhig einmal mit einer einzigartigen, unvergesslichen Idee. Heben Sie sich durch eine eigenständige, ungewohnte, also originelle Art ab. All das ist nicht einfach, kann sich aber lohnen.

Aus der Praxis

Ein mit mir befreundeter Kameramann aus Berlin wurde von seiner Chefin heftig kritisiert, weil die Aufnahmen, die er gedreht hatte, verwackelt waren. Er lächelte lässig und murmelte vor sich hin: „Sehn Se, j'nädige Frau, det is janz eenfach: Meene Kamera lebt, wa?!"

Versprecher sind keine Katastrophe

„Nobody is perfect!" Gehen Sie offensiv mit Pannen um und bleiben Sie am Thema. Lächeln Sie, korrigieren Sie sich kurz und machen Sie einfach weiter.

Ein Vortrag ist wie ein Klavierkonzert: Kein Pianist wird bei einem kleinen Fehler sein Spiel unterbrechen oder einen Satz von vorn anfangen, sondern selbstbewusst weiterspielen.

Sie dürfen bei einem Versprecher auch über sich selbst lachen. Dann sind alle erleichtert, lachen mit und Sie können fortfahren, ohne die ganze Zeit über den Fehler nachdenken zu müssen. Kleine Fehler sind also erlaubt – dadurch wirkt Ihr Vortrag lebendig, möglicherweise sogar besonders charmant und sympathisch.

Aus der Praxis

Mein Kollege Gerhard Klarner war ein beliebter und routinierter Fernsehmoderator. Seine Gelassenheit vor der Kamera überraschte und amüsierte uns immer wieder.

Während einer Sendung passierte ihm ein Versprecher. Er korrigierte sich sofort sehr originell und unauffällig: „Bei dem Bauwerk wurden drei Euro beziehungsweise (!) 300.000 Euro verschwendet." – Ohne ein „Entschuldigung" oder „ich korrigiere mich" hatte es jeder verstanden.

Ihr Werkzeugkasten für gutes Sprechen

Wortverdrehungen

Schelldampfer – Schalldämpfer

Kettenredaktion – Kettenreaktion

Spaßmaßnahmen – Sparmaßnahmen

Einbandstraße – Einbahnstraße

Unterglücksboot – Unglücksboot

schnöder Mammut – schnöder Mammon

Kandesbunzler – Bundeskanzler

Marienstützpunkt – Marinestützpunkt

Beseitigungsfeierlichkeiten – Beisetzungsfeierlichkeiten

Redewendungen – mal anders

Die Katze lässt das Mausern nicht.

...

Die Schärflein im Trocknen haben.

...

Die dicksten Bauern haben die dümmsten Kartoffeln.

...

Vom Regen in die Taufe kommen.

...

Lügen haben lange Beine.

...

Die Ratten verlassen das stinkende Schiff.

...

Den Sand in den Kopf stecken.

Aus Radio und TV

„Meine sehr versehrten Damen und Herren!"

...

„Es ist genull nau Uhr."

...

„Beim Gongschlag ist es fünf Euro."

...

„Soweit die Lottozahlen, herausgegeben vom deutschen Wetterdienst."

...

„Auf Tschüs und guten Wiedersehen!"

...

„Auf der A5 schneit es in beiden Richtungen."

...

„Ein Hinweis für die Binnenschifffahrt: Bei Koblenz ist ein Chef auf Grund gelaufen."

Knapp daneben ...

Die amerikanischen Schreibkräfte hatten den Anschlag vereitelt.

...

Ein Exempel stationieren.

...

Die Schanze nutzen.

Lampenfieber?

Lampenfieber und Bühnenangst kennt jeder. Die Frage ist, wie man damit umgeht. Es gibt einige bewährte Gegenmittel:

- Vorbereitung, Vorbereitung, Vorbereitung – äußerlich, innerlich und vor allem inhaltlich. „Wissen ist Macht!"

- Versuchen Sie, Ihren Auftritt als Chance und nicht als Pflicht zu sehen. Denken Sie: „Ich darf!", „Ich will!" und nicht „Ich muss!".

- Betrachten Sie Ihr Publikum nicht als eine anonyme Ansammlung von Fremden, sondern als eine Gruppe von Freunden oder Neugierigen.

- Schlagen Sie vor Ihrem Auftritt einfach einmal mit der flachen Hand auf einen Tisch oder stampfen Sie mit dem Fuß auf und rufen: „Das wird gut!"

- Gehen Sie kurz vor Ihrem Auftritt an die frische Luft und atmen Sie ein paar Mal langsam und tief durch.

- Strecken und dehnen Sie sich. Genießen Sie bewusst die wohlige Entspannung Ihrer Muskeln in den Sekunden danach. Versuchen Sie gleich darauf, kräftig zu gähnen.

- Atmen Sie tief durch die Nase in Brust und Bauch ein, halten Sie kurz die Luft an und atmen Sie ganz langsam aus!

- Folgen Sie mit Ihren Gedanken entspannt den Vorgängen des ruhigen Aus- und Einatmens.

- Versuchen Sie, an etwas Schönes zu denken – an einen „sicheren inneren Ort", vielleicht auch an ein eigenes Erfolgserlebnis. Ihre Gedanken bestimmen Ihre Gefühle – und damit auch den Klang Ihrer Stimme.

- Ein Lächeln verleiht Ihnen und Ihrem Auftritt Selbstsicherheit (siehe S. 15).

- Bleiben Sie gedanklich beim Thema Ihres Vortrags und denken Sie nicht über Ihre „Wirkung" nach.

Gelassenheit und bewusste Atmung

Klingt Ihre Stimme angespannt? Das kann an Ihrer *Stimm*ung oder an Ihrem seelischen und körperlichen Befinden liegen (Erkältet? Erschöpft? Aufgeregt? Verärgert?). Der Klang Ihrer Stimme bestimmt, wie Sie „rüberkommen": klein und zaghaft oder groß, mit gesunder, voller Kraft.

Gelassenheit, eine entspannte innere und äußere Haltung sowie ein bewusstes Atmen sind Grundlagen für gutes Sprechen. Nutzen Sie in Ihrem Alltag alles, was zur Entspannung beiträgt: Sport, Yoga, Tai Chi, Meditation, Achtsamkeitstraining, Begegnungen mit guten Freunden, Musik (aktiv und passiv) usw.

Achten Sie grundsätzlich auf Ihre Atmung: Stellen Sie sich einen alten Park mit einer Wiese vor. In der Mitte gibt es einen Springbrunnen mit einem senkrechten Wasserstrahl. Ganz oben auf dem Strahl tanzt eine glitzernde Kugel. Fällt der Wasserstrahl zusammen, fällt auch die Kugel. So ähnlich tanzt Ihre Stimme auf Ihrem Atem. Ohne den Luftstrom Ihrer Lunge kann Ihre Stimme nicht strahlen.

Wenn Sie eine Rede halten wollen, atmen Sie, bevor Sie zu sprechen beginnen, erst alle überflüssige Luft aus. Richten Sie sich dabei auf. Dann „spannen Sie ab", lassen also Ihren Körper einatmen. Erst dann beginnen Sie.

Selbstvertrauen ist gut – Selbstkontrolle ist besser

Nehmen Sie sich im Rahmen der Vorbereitung auf einen Vortrag immer mal wieder mit dem Smartphone auf. Hören Sie sich die Aufnahmen mit einem zeitlichen Abstand (z. B. am nächsten Tag) an. Diese Distanz hilft Ihnen, sich „von außen" wahrzunehmen.

Tipp Feedback

Zur Kontrolle Ihrer Aussprache können Sie anstelle einer Tonaufnahme auch einmal so vorgehen: Sprechen Sie einen Übungssatz. Halten Sie nun die Hände hinter Ihre Ohren. Schieben Sie die Ohrmuscheln nach vorn wie einen Trichter. Bilden Sie mit der Innenfläche Ihrer hohlen Hand einen Klangkanal von Ihrer Ohrmuschel, dicht entlang der Wange bis hinunter zum Mund! Sprechen Sie den Übungssatz noch einmal. Sicherlich hören Sie sich nun völlig anders. Deutlicher hörbar sind nun die Artikulation, der Klang Ihrer Stimme, eine vielleicht zu laute Atmung, eventuelles Schmatzen usw.

Die Gestern-Heute-Morgen-Regel

Es wird immer wieder vorkommen, dass Sie spontan eine Rede halten müssen oder sich vor allen Leuten bedanken wollen. In einem solchen Fall ist die „Gestern-Heute-Morgen"-Regel sehr zu empfehlen:

Wird Ihnen also in fröhlicher Runde eine Siegerurkunde, ein Hauptpreis oder ein großes Geburtstagsgeschenk überreicht und Sie sollen aufstehen, um etwas zu sagen, dann füllen Sie die drei Begriffe „Gestern – Heute – Morgen" mit Leben und mit Ihren Worten, z. B. so:

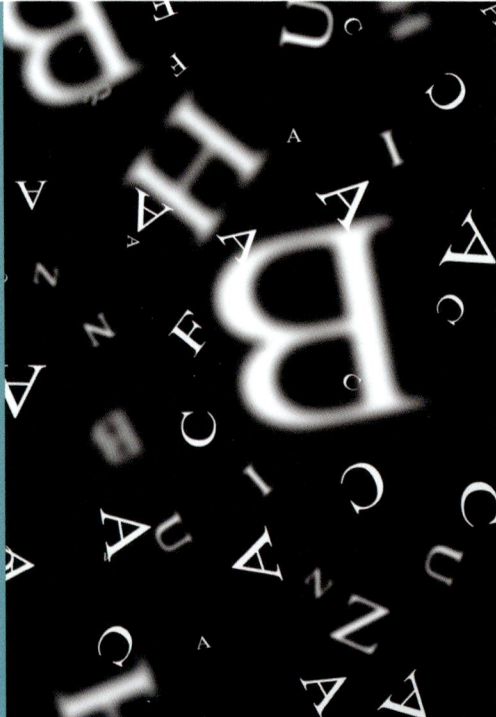

Gestern: „Vor ein paar Jahren konnte ich mir noch nicht vorstellen, in dieser Sportart so erfolgreich zu sein. Aber ich habe trainiert – und wie! Es gab großartige Menschen, die mich dabei unterstützt haben."

Heute: „Heute sehe ich diese tollen Menschen vor mir (namentliche Begrüßung einzelner Personen) und kann mich gar nicht genug dafür bedanken. Deshalb lassen Sie uns gemeinsam die Gläser erheben und auf diesen Moment anstoßen!"

Morgen: „Ich hoffe, dass es in Zukunft für uns alle so gut weitergeht! Vielleicht wird die eine oder andere in ein paar Jahren auch hier stehen und eine ähnliche Würdigung erfahren. Meine Pläne sind die folgenden ..."

So finden Sie mit Sicherheit rasch die passenden Worte und können den Moment sinnvoll und inhaltsreich ausfüllen. Peinliches Schweigen und hilfloses Erröten ade!

> **Aha!** **Interessantes am Rande**
>
> Kurt Tucholsky hat 1930 unter dem Pseudonym Peter Panter auf sehr amüsante Weise Ratschläge für einen schlechten und für einen guten Redner zusammengestellt. Hier einige Auszüge:

Ratschläge für schlechtes Reden

„Fang nie mit dem Anfang an, sondern immer drei Meilen vor dem Anfang!

Etwa so: »Meine Damen und meine Herren! Bevor ich zum Thema des heutigen Abends komme, lassen Sie mich Ihnen kurz ...« (...)

Sprich nicht frei – das macht einen so unruhigen Eindruck. (...)

Sprich mit langen, langen Sätzen – solchen, bei denen du, der du dich zu Hause, wo du ja die Ruhe, deren du so sehr benötigst, deiner Kinder ungeachtet, hast, vorbereitest, genau weißt, wie das Ende ist, die Nebensätze schön ineinander geschachtelt, sodass der Hörer, ungeduldig auf seinem Sitz hin und her träumend, sich in einem Kolleg wähnend, in dem er früher so gern geschlummert hat, auf das Ende solcher Periode wartet ... nun, ich habe dir eben ein Beispiel gegeben. So musst du sprechen. (...)

Fang immer bei den alten Römern an und gib stets, wovon du auch sprichst, die geschichtlichen Hintergründe der Sache. Das ist nicht nur deutsch – das tun alle Brillenmenschen.

Ich habe einmal in der Sorbonne einen chinesischen Studenten sprechen hören, der sprach glatt und gut französisch, aber er begann zu allgemeiner Freude so: »Lassen Sie mich Ihnen in aller Kürze die Entwicklungsgeschichte meiner chinesischen Heimat seit dem Jahre 2000 vor Christi Geburt ...« Er blickte ganz erstaunt auf, weil die Leute so lachten. (...)

Du musst alles in die Nebensätze legen. Sag nie: »Die Steuern sind zu hoch.« Das ist zu einfach. Sag: »Ich möchte zu dem, was ich soeben gesagt habe, noch kurz bemerken, dass mir die Steuern bei weitem ...« So heißt das. (...)

Wenn du einen Witz machst, lach vorher, damit man weiß, wo die Pointe ist. (...)

Interessantes am Rande

Kündige den Schluss an, und dann beginne deine Rede von vorn und rede noch eine halbe Stunde. Dies kann man mehrere Male wiederholen. (...)

Sprich nie unter anderthalb Stunden, sonst lohnt es gar nicht erst anzufangen. Wenn einer spricht, müssen die andern zuhören – das ist deine Gelegenheit. (...)"

Ratschläge für gutes Reden

"Hauptsätze. Hauptsätze. Hauptsätze.

Klare Disposition im Kopf – möglichst wenig auf dem Papier.

Tatsachen, oder Appell an das Gefühl. (...)

Ein Redner sei kein Lexikon. Das haben die Leute zu Hause. (...)

Sprich nie länger als vierzig Minuten.

Suche keine Effekte zu erzielen, die nicht in deinem Wesen liegen.

Ein Podium ist eine unbarmherzige Sache – da steht der Mensch nackter als im Sonnenbad.

Merke Otto Brahms Spruch: »Wat jestrichen is, kann nich durchfalln!«"

II Den Sprechraum entdecken

> Die ganze Kunst der Sprache besteht darin,
> verstanden zu werden.
>
> Konfuzius,
> chinesischer Philosoph

II. Den Sprechraum entdecken

Das innere Orchester

In einem klassischen Konzert erklingen meist ganz unterschiedliche Instrumente gleichzeitig – und es entsteht Musik. Ähnlich geht es beim Sprechen in unserem Körper zu. Die Stimme entsteht durch ein wundersames Zusammenspiel mehrerer Organe. Beteiligt sind:

- der Mundraum mit Kiefer, Gaumen, Zunge, Lippen, Zähnen,
- der Kehlkopf mit den Stimmlippen,
- die Luftröhre,
- die Resonanzräume im Brust- und Stirnbereich,
- die Lunge und das Zwerchfell,
- das Gehirn – Ihr „Dirigent".

Alle Laute einer Sprache (also die gesprochenen Buchstaben und Buchstabenkombinationen) werden durch die sogenannten Sprechwerkzeuge geformt.

Tonerzeugung und Klangverstärkung

Und wie entsteht ein Ton? Zieht sich beim Einatmen das Zwerchfell zusammen, entsteht ein Unterdruck in den Lungen und Luft strömt über die Luftröhre in den Körper. Beim Ausatmen gelangt die Luft durch die Luftröhre nach oben in den Halsbereich.

Der Kehlkopf ist ein kompliziertes Gebilde im Rachen, das hauptsächlich aus beweglichen Knorpelteilen und Muskelfasern besteht. Die Luft wird durch die im Kehlkopf sitzenden Stimmlippen in hörbare Schwingungen versetzt.

Der Klang der Töne wird durch Hohl- bzw. Resonanzräume im Stirn- und Brustbereich verstärkt. Die natürliche Beschaffenheit der Knochenformen sorgt für den charakteristischen, ganz eigenen Klang unserer Stimme.

Unser Gehirn ist das zentrale und übergeordnete Organ zur Steuerung aller Abläufe der Stimmerzeugung: Zuerst haben wir z. B. einen Gedanken im Kopf. Unser Gehirn versucht, dafür konkretere Begriffe und Worte zu finden. Daraus werden Sätze und schließlich eine hörbare „Äußerung". Übrigens haben manche Tiere zwar ein stimmliches Organ, das unserem gleicht, aber sprechen können sie eben nicht.

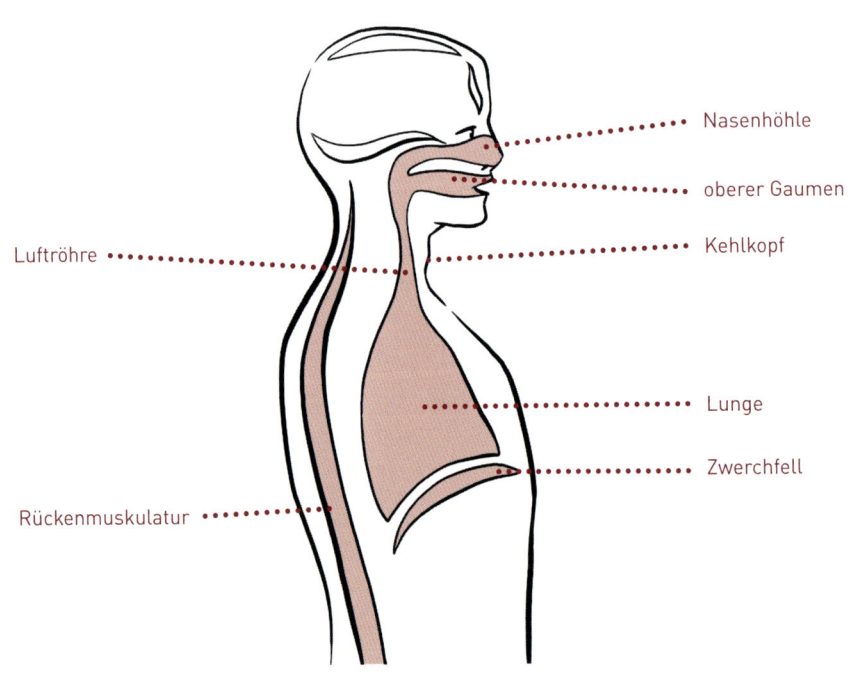

Info — Kleines Stimmwunder

Die Stimmlippen im Kehlkopf sind klein und zart, ungefähr zwischen 12 und 18 Millimeter lang. Bei einem gesungenen Ton schwingen sie bis zu 400 Mal pro Sekunde. Wenn sich der Kehlkopf verspannt, verspannen sich auch die Stimmlippen und die Stimme schwingt nicht mehr.

Um gut und überzeugend zu sprechen, sollte nicht nur Ihr Geist, sondern auch Ihr Körper wach und aufgewärmt sein. All Ihre „Sprechwerkzeuge" – also vor allem die Zunge und die Lippen – müssen beweglich und durchblutet sein. Diesem Zweck dienen die folgenden Übungen.

Übung — Wahrnehmung des Sprechraums

Konzentrieren Sie sich auf den Innenraum Ihres Mundes.

- „Streicheln" Sie mit der Zunge Ihren oberen Gaumen. Versuchen Sie dabei, so achtsam wie möglich den kompletten Gaumen abzutasten und zu erspüren. Was nehmen Sie dabei wahr?
- Was „sagt" Ihr Gaumen? Ist Ihr Gaumen warm oder kühl? Weich oder rau? Wo genau gibt es Unebenheiten, Hügel?
- Machen Sie dasselbe noch einmal mit Ihrem Gaumenboden und mit Ihren Wangen auf beiden Seiten.
- Was „sagt" Ihre Zunge? Ist Ihre Zunge warm oder kühl? Weich oder rau? Spüren Sie Unebenheiten an Ihrem Zungenrücken?

Ziel dieser ersten Wahrnehmungsübung ist, sich zu vergegenwärtigen, wie sich Gaumen, Zunge usw. anfühlen und das Bewusstsein für diese Bereiche zu stärken.

Übung: Lockerung des Kiefers

Die Kiefermuskulatur ist eine der stärksten Muskelgruppen unseres Körpers. Dies ist nachvollziehbar, wenn Sie bedenken, was Ihre Kiefer und Zähne jeden Tag zermahlen ... Leider verspannt und verkrampft sich diese Muskulatur sehr leicht. Vielleicht knirschen Sie nachts mit den Zähnen und merken morgens, wie Ihre Zähne quasi „aneinander festgebissen" sind. Dann sollten Sie den Tag damit beginnen, Ihre Kiefermuskulatur zu dehnen und zu lockern.

- Öffnen Sie den Mund vorsichtig so weit wie möglich. Halten Sie diese Öffnung für zwei Sekunden und lassen Sie dann wieder locker. Wiederholen Sie dies einige Male.
- Streichen Sie nun mit den Händen über das Gesicht und massieren Sie sanft die Kiefergelenke auf beiden Seiten. Senden Sie die Ausatmung in die starke Kiefermuskulatur und lassen Sie mit jedem Ausatmen mehr los. Der Mund soll dabei ruhig offen stehen.
- Schauen Sie jetzt wie ein kleines Kind umher und staunen Sie über alles, was Sie sehen. Dabei sagen Sie: „Ach!" und lassen den Unterkiefer nach unten fallen.
- Prüfen Sie die Öffnung, indem Sie versuchen, Zeige- und Mittelfinger zwischen Ihre Zahnreihen zu schieben. Passt nur ein Finger dazwischen? Üben Sie so lange, bis beide Finger dazwischenpassen und es Ihnen gelingt, den Mund durch Fallenlassen des Unterkiefers jederzeit so weit zu öffnen und entspannt geöffnet zu lassen.
- Üben Sie das Loslassen des Unterkiefers auch mit geschlossenen Lippen und versuchen Sie, im Alltag darauf zu achten, auch bei geschlossenem Mund weder Lippen noch Zähne aufeinanderzupressen.

© 2011 Ulrike Völger, Rechte bei der Autorin

Wenn Sie zu den vielen Menschen gehören, deren Kiefermuskulatur eigentlich immer fest ist, müssen Sie bei dieser Übung viel Geduld haben. Aber irgendwann wird es nicht mehr „knacken" und sogar angenehm sein.

Tonerzeugung und Klangverstärkung

 **Die Lippentrompeten**

Die Lippen sind neben unserer Zunge die wichtigsten Sprechwerkzeuge. Um sie bewusst „ansteuern" zu können, ist es wichtig, die Muskulatur der Lippen immer wieder zu trainieren. Insbesondere bei der Bildung der Explosivlaute (siehe S. 124f.) spielen sie eine entscheidende Rolle.

- Pressen Sie Ihre Lippen fest aufeinander, ohne sie dabei einzurollen. Ihre Lippen funktionieren jetzt wie ein Trompetenventil. Ihre Atemluft drückt nun von innen gegen Ihre Lippen. Lassen Sie die Luft nur durch eine winzige Öffnung in der Mitte entweichen.
- Wenn Ihre Lippen „auseinanderflattern", fehlt es noch ein bisschen an Spannung. Machen Sie zum entsprechenden Laut mit den Lippen eine Bewegung, als würden Sie mit den Händen mit voller Kraft eine Notbremse ziehen – von oben nach unten. Oder tun Sie so, als zögen Sie etwas Schweres zu sich heran, etwa in Höhe Ihres Bauches. Sie können auch mit den Fingerspitzen Ihrer Zeigefinger etwas Druck auf die Schläfen ausüben. Damit triggern Sie Ihre Gesichtsmuskulatur.
- Wenn Sie die Übung gut beherrschen, steigern Sie den Schwierigkeitsgrad. „Trompeten" Sie einen Rhythmus oder ein Kinderlied (z. B. „Hänschen klein").

© 2011 Ulrike Völger, Rechte bei der Autorin

 **Sensorische Wahrnehmung der Zunge**

Um die sensorische Wahrnehmung Ihrer Zunge zu trainieren, können Sie das folgende Spiel ausprobieren:

- Kaufen Sie sich eine Packung „Buchstaben aus Keks" – sogenanntes „Russisch Brot" – oder auch ein Fruchtgummi-Alphabet.
- Schließen Sie nun die Augen, greifen Sie „blind" in die geöffnete Packung und nehmen Sie irgendeinen Buchstaben heraus. Im Mund versuchen Sie dann mit Hilfe der Zunge zu erraten, um welchen Buchstaben es sich handelt.

Übung: Training der Zungenmuskulatur 1

Ihre Zunge ist ein Muskelkörper und je besser die Zungenmuskulatur trainiert ist, umso besser kann sie Sie bei Ihrer Aussprache unterstützen:

- Legen Sie Ihre Zungenspitze an die Stelle, wo Ihre oberen Schneidezähne in das Zahnfleisch übergehen (also innen oben) und halten Sie sie dort gut fest. Der Rest der Zunge bleibt frei beweglich.
- Versuchen Sie jetzt einmal zu sprechen. Das klingt ziemlich undeutlich, denn Ihre Zunge hat jetzt ein „Handicap". Sie müssen versuchen, diese Behinderung durch starke Bewegungen Ihrer Lippen und des hinteren Teils Ihrer Zunge auszugleichen. Dies ist ein sehr gutes Training.

© 2011 Ulrike Völger, Rechte bei der Autorin

Übung: Training der Zungenmuskulatur 2

Bei dieser Übung für die Zunge wird nicht gesprochen. Die Stimme schwingt nur locker mit und wird „erwärmt".

- Strecken Sie Ihre Zunge weit heraus und ziehen Sie sie gleich wieder in den Mund. Machen Sie dies einige Male und bewegen Sie dabei mit Ihrer Zungenspitze die Mitte Ihrer Oberlippe, so als sei Ihre Zunge ein Klöppel. Machen Sie dazu Töne wie ein Kind, wenn es Sprechen lernt.
- Bewegen Sie dann Ihre Zungenspitze – innen im Mund – kreisförmig um Ihre Mundöffnung, also in dem Bereich zwischen den Zähnen und Ihren Lippen: zehnmal in die eine und zehnmal in die andere Richtung.
- Drehen Sie Ihre Zunge im Mund, falls Sie es können. Rollen Sie auch einmal die Seiten hoch, sodass in der Mitte eine Rinne entsteht, und versuchen Sie dann die Seiten nach unten zu drücken. Die Zunge wird dabei relativ schmal und starr. Drücken Sie die Zungenspitze gegen Ihre Wange und geben Sie von außen leichten Gegendruck mit dem Zeigefinger.

© 2011 Ulrike Völger, Rechte bei der Autorin

 **Training der Zungenmuskulatur 3**

- Zählen Sie alle Ihre Zähne mit der Zungenspitze einzeln, von einer Seite zur anderen – zuerst die obere Zahnreihe, dann die untere.
- Versuchen Sie laut zu zählen, auch wenn dies unverständlich klingt. Alle Gesichtsmuskeln sind beteiligt und gleichzeitig wird die Verbindung zu Ihrem „Denkapparat" gestärkt.

Probieren Sie all diese Zungenübungen aus und lassen Sie zwischendurch immer wieder locker. Wie jeder Muskel braucht auch die Zunge den Wechsel zwischen Anspannung und Entspannung.

 **Warm up für Lippen und Zunge**

- Positionieren Sie sich breitbeinig, mit leicht gebeugten Knien. Stellen Sie sich vor, Sie säßen auf einem Motorrad und würden eine Straße entlangfahren. Ihre Arme halten Sie so, als lägen Sie auf dem Lenker der Maschine.
- Dabei prusten Sie durch die Lippen und machen mit der Stimme ein Geräusch wie ein auf- und abschwellender Motor beim Gasgeben.
- Halten Sie mindestens zwei Minuten durch!

© 2011 Ulrike Völger, Rechte bei der Autorin

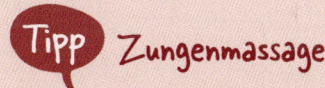 **Zungenmassage**

Es ist empfehlenswert, die Zunge ab und zu mit einer Zungenbürste (aus dem Drogeriemarkt) zu reinigen und leicht zu massieren. Das weckt Ihre Zungenmuskulatur auf.

III Haltung zeigen – Entspannung zulassen

Eine angenehme Stimme ist sehr oft
mit sonst übrigens guten Eigenschaften des Leibes
und der Seele verbunden.

Georg Christoph Lichtenberg,
deutscher Mathematiker und
Meister des Aphorismus

III. Haltung zeigen – Entspannung zulassen

Für eine freie Stimme, richtiges Sprechen und einen gelassenen überzeugenden Auftritt ist eine gute Körperhaltung Voraussetzung. Ein ausgewogenes Verhältnis von Spannung und Entspannung – nach dem griechischen Wort für Wohlspannung auch „Eutonie" genannt – hilft Ihnen dabei.

Sprache und Körperhaltung

Unsere Sprache ist immer eine auf den Körper bezogene Sprache. Körper und Ausdrucksweise sind nicht voneinander zu trennen. Das spiegelt auch unser Sprachgebrauch wider: Jemand hat ein „sicheres Auf*treten*" und vertritt einen „klaren *Stand*punkt". Ich „*stehe*" zu meinen Fähigkeiten und bin ich bei „klarem Ver*stand*". Hat mein Arbeitskollege „*Stand*vermögen"? Werde ich diese Prüfung „be*stehen*"? Wie ich mich in Auseinandersetzungen „ver*halte*", hängt von meiner „inneren *Haltung*" ab usw.

Oft eignen wir uns im Laufe des Lebens verschiedenste Fehlhaltungen an und meinen mit der Zeit sogar, die fehlerhaften Haltungen seien richtig. Die Gewohnheiten sind stark und Muskeln und Bänder haben sich verkürzt.

Die Änderung zu einer ökonomischen, aufrechten Haltung kann am Anfang sehr anstrengend und sogar schmerzhaft sein. Dennoch: Lassen Sie sich nicht entmutigen! Haben Sie Geduld und Nachsicht mit sich selbst. Geben Sie sich ein paar Monate Zeit für solche grundlegenden Veränderungen. Tägliches Üben im Alltag ist allerdings Voraussetzung.

Übung Der bewusste Stand

- Sie stehen auf beiden Füßen. Die Füße sollten ungefähr hüftbreit voneinander entfernt sein. Stellen Sie Ihre Füße parallel zueinander. Wenn es für Sie bequemer ist, dürfen Ihre Füße auch leicht nach außen zeigen, aber möglichst nicht nach innen.
- Pendeln Sie leicht nach vorn und zurück. Finden Sie die Stellung, in der Sie im Gleichgewicht sind und sich Ihr Körpergewicht auf den Fußsohlen gleichmäßig verteilt.
- Sind Ihre Knie im Stehen gewohnheitsmäßig durchgedrückt? Dann versuchen Sie jetzt, Ihre Knie locker zu lassen (aber nicht zu beugen).
- Legen Sie eine Hand auf Ihre Lendenwirbelsäule. Wenn Sie die Knie durchdrücken, werden Sie feststellen, dass Ihr „Hohlkreuz" sich deutlicher ausprägt, als wenn Sie mit lockeren, also flexiblen Knien stehen.

Mit dieser Übung schaffen Sie die Voraussetzung für die richtige Atmung und ökonomisches, wirkungsvolles Sprechen. Darüber hinaus tun Sie auch Ihrem Rücken einen großen Gefallen.

© 2011 Ulrike Völger, Rechte bei der Autorin

Sprache und Körperhaltung

Übung: Aufrechte Haltung: Die Marionette

- Stellen Sie sich vor, dass Sie am Scheitelpunkt Ihres Schädels ein Gummiband haben. Sie sind eine Marionette und werden von oben mit einem flexiblen Band gehalten. Ihr Kopf ist leicht wie ein mit Helium gefüllter Ballon.
- Ziehen Sie selbst einmal vorsichtig am Scheitelpunkt (also an Ihren Haaren) und folgen Sie dieser Aufrichtung. Ihr Skelett richtet sich auf, aber Ihre Muskeln können sich entspannen, denn sie werden ja „gehalten". Kleine und langsame Bewegungen verändern meist viel mehr als große oder gewaltsame.
- Am Hinterkopf, über der Wirbelsäule, dort wo Ihr Schädel anfängt, liegt Ihr Kopfgelenk. Suchen Sie mit den Fingern die beiden weichen Stellen rechts und links von der Mitte und massieren Sie sich dort. Verspannungskopfschmerz hat dort oft seinen Ursprung.
- Jetzt schieben oder ziehen Sie Ihren Kopf von dort ganz leicht nach oben. Ihr Nacken verlängert sich um ein paar Millimeter, Ihr Kinn zeigt nun auf gar keinen Fall mehr nach oben.
- Verlängern Sie in Gedanken den Blick Ihrer Augen. Entsteht eine Linie parallel zum Boden, ist Ihre Kopfhaltung gut. Führt Ihr Blick schräg zur Decke oder zum Boden, ist Ihre Wirbelsäule nicht gerade und es entsteht Spannung im Nacken oder im Kehlbereich.

© 2011 Ulrike Völger, Rechte bei der Autorin

III Haltung zeigen – Entspannung zulassen

Übung: Starke Ausstrahlung: Der Scheinwerfer

Versuchen Sie mit der folgenden Haltungsübung Ihr Brustbein vorsichtig aufzurichten und zu „öffnen". Dabei ist nicht gemeint: „Brust raus, Bauch rein!" Dieser Spruch stammt aus Großvaters Zeiten und ist immer noch weit verbreitet. Aber nicht alles war früher besser! Sie erreichen damit eine soldatische Haltung, die besser zu vermeiden ist. Ihr Brustkorb soll sich also aufrichten und nicht nach vorn gedrückt werden. Am Anfang ist das gar nicht so leicht zu bewerkstelligen.

- Suchen Sie mit Ihren Fingern den Punkt, an dem Ihre vorderen mittleren Rippen zusammenkommen. Lassen Sie sich dort einmal richtig zusammensinken, sodass Sie wie „ein Schluck Wasser" dastehen.
- Jetzt bewegen Sie Ihr Brustbein langsam nach oben. Sie können merken, wie sich dabei auch Ihr Brustkorb aufrichtet. Dieser Punkt Ihres Körpers ist wie ein Scheinwerfer. Sinken Sie dort ein, ist der Scheinwerfer aus und Ihre Präsenz ist sehr schwach. Stehen Sie jedoch aufrecht, ist er an – und Ihre Ausstrahlung hat sich innerhalb von Sekunden positiv verändert.

© 2011 Ulrike Völger, Rechte bei der Autorin

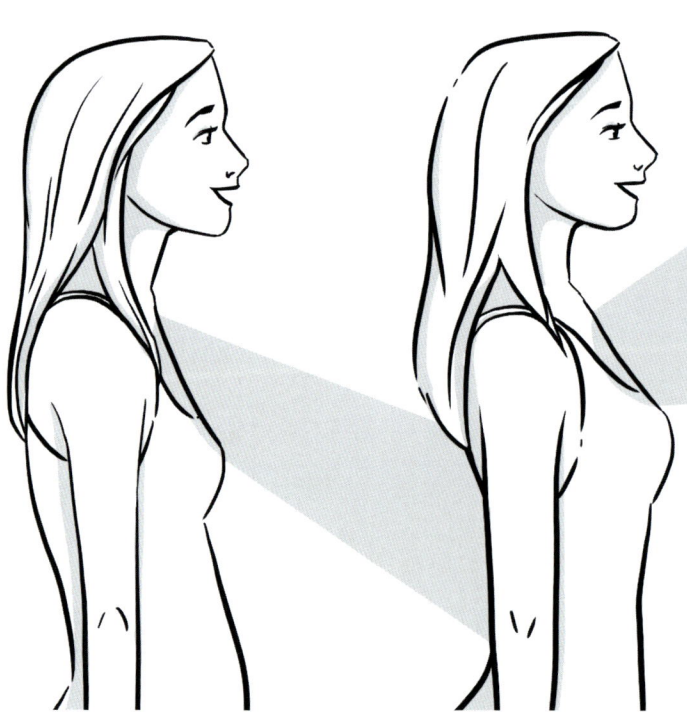

Sprache und Körperhaltung

Übung „Feine Haltung": Die Königin

Sie haben sich jetzt aufgerichtet und fühlen sich ein wenig steif und gar nicht wie Sie selbst? Das ist normal! Halten Sie durch und versuchen Sie, Ihren Körper an die Aufrichtung zu gewöhnen.

- Legen Sie sich nun ein Buch auf den Kopf und versuchen Sie, in dieser Haltung zu laufen, ohne dass das Buch herunterfällt. Fühlen Sie sich wie ein König oder eine Königin!
- Lassen Sie hierbei Ihre Schultern locker fallen. Ihre Arme sind reine Pendel und sollen während des Laufens frei schwingen.
- Achten Sie auf Ihren Atem. Halten Sie vor lauter Konzentration nicht die Luft an, sondern atmen Sie stetig weiter!
- Beschleunigen und verlangsamen Sie Ihren Schritt. Drehen Sie sich um die eigene Achse. Achten Sie auf Ihre Körperspannung und werden Sie immer sicherer in Ihrer Aufrichtung.

© 2011 Ulrike Völger, Rechte bei der Autorin

Sprache und Gelassenheit

Wenn wir gut sprechen wollen und einen positiven Eindruck hinterlassen möchten, ist es wichtig, dass wir entspannt sind. Jede Verkrampfung und jeder innere Stress, der uns belastet, wirkt sich negativ auf unsere Erscheinung aus. Um dem entgegenzuwirken, können wir z. B. Sport treiben, in die Sauna gehen, Entspannungs-, Atem- oder Stimmübungen machen und vieles mehr.

Wichtig ist es, ein Körperbewusstsein zu entwickeln und sich jederzeit entspannt und gelassen zu fühlen und auch so zu wirken. Sie sollten die Entspannung zuerst im Liegen üben und dann nach und nach auf das Stehen und Sitzen übertragen.

- Legen Sie sich bequem auf eine nicht zu weiche Unterlage auf den Rücken. Unter die Kniekehlen oder den Kopf können Sie sich ein Kissen legen. Decken Sie sich zu, falls Ihnen schnell kalt wird.
- Nehmen Sie jetzt genau wahr, wie sich Ihr Körper anfühlt, wo er am Boden aufliegt und wo nicht.
- Ihr Atem geht ruhig. Es muss keine Aufgabe erledigt werden. Nehmen Sie sich Zeit. Beobachten Sie Ihren Atem. Einatmung – Pause – Ausatmung – Pause. Ihre Bauchdecke hebt und senkt sich.
- Nach einiger Zeit öffnen Sie leicht die Lippen und lassen die Ausatmung durch einen leichten Lippenwiderstand passieren (wie ein Seufzer ohne Stimme).

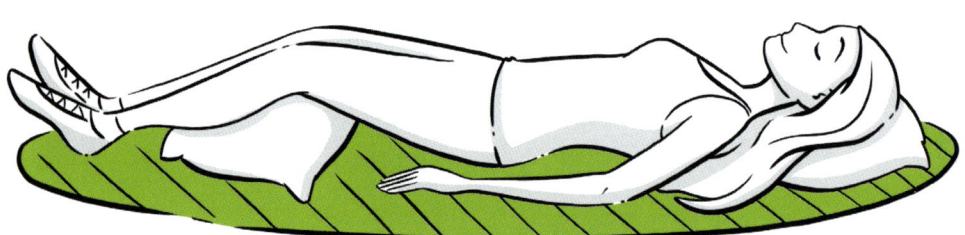

- Stellen Sie sich vor, Ihre Ausatmung würde durch Ihren Körper fließen – genau in jeweils den Körperteil, auf den Sie sich konzentrieren. Beginnen Sie bei einem Fuß. Es folgen der andere Fuß, die Fußknöchel, die Unterschenkel, die Knie, die Oberschenkel, das Becken, der Bauch, der Brustkorb, die Schultern, die Oberarme usw. Stellen Sie sich vor, wie die Spannung Ihrer Muskeln schmilzt, wie sich der Raum in Ihrem Körper erweitert.
- Versuchen Sie, Ihre Konzentration ausschließlich bei Ihrem Körper zu lassen. Verscheuchen Sie mit Ihrer Ausatmung alle anderen Gedanken. Sie erleben, wie Ihr Körper gleichzeitig schwerer und leichter wird.
- Zum Beenden der Übung räkeln Sie sich. Gähnen Sie und kommen Sie über die Seite wieder hoch zum Sitzen.

Aktive Entspannung gibt Kraft und schläfert nicht ein. Falls Sie dennoch einschlafen, ist das aber auch nicht schlimm ...

© 2011 Ulrike Völger, Rechte bei der Autorin

 Gedichte sprechen

Eine Möglichkeit, sich zu entspannen, besteht auch darin, Gedichte laut zu lesen.

- Wählen Sie ein Gedicht aus, das Ihnen aus der Seele spricht. Sprechen Sie das Gedicht laut und verbrauchen Sie viel Atem, als wäre jeder Gedanke ein Seufzer. – Hinweis: Achten Sie darauf, nicht zu viel einzuatmen, sondern Ihren Körper atmen zu lassen!
- Lösen Sie nach ein oder zwei Zeilen gleichzeitig die Spannung im Mittelkörper sowie in Rachen und Kiefer. Ihr Körper holt sich dann genau die Menge Luft, die Sie vorher verbraucht haben, und Sie können weitersprechen.

© 2011 Ulrike Völger, Rechte bei der Autorin

IV Atmen kann jeder – oder?

Im Atemholen sind zweierlei Gnaden:
Die Luft einziehn, sich ihrer entladen.
Jenes bedrängt, dieses erfrischt.
So wunderbar ist das Leben gemischt.

Johann Wolfgang von Goethe,
deutscher Dichter

IV. Atmen kann jeder – oder?

Den Atem beherrschen

Der Atem ist die Grundlage unseres Lebens! Sicherlich haben Sie schon einmal bemerkt, dass Ihr Atem nicht jederzeit ruhig und unbewusst dahinfließt. In Stresssituationen, bei Aufregung, Lampenfieber, unter Leistungsdruck, bei jeder Art von nervlicher Anspannung wird unser ruhiger Atemrhythmus unterbrochen: Sie fangen z. B. an nach Luft zu schnappen, Ihr Atem hört sich auf einmal laut und keuchend an, Sie geraten in Atemnot, sprechen immer schneller oder beginnen sogar zu hecheln.

Atmen ist eine vegetative Körperfunktion – ebenso wie der Herzschlag. Das heißt: Unser Körper atmet auch, wenn wir schlafen oder ohnmächtig sind. Aber als einzige der lebenserhaltenden Körperfunktionen können wir den Atem beeinflussen und sogar trainieren.

Wenn Sie also möchten, dass in aufregenden Situationen nicht Ihr Atem Sie beherrscht, sondern *Sie* Ihren Atem, ist es sinnvoll, Atemübungen zu machen. Entwickeln Sie ein Bewusstsein für Ihren Atem. Lernen Sie, Ihren Körper atmen zu lassen.

Die gesamte Atemfunktion und auch unsere Körperspannung reagieren – wie wissenschaftlich erwiesen ist – auf Erlebnisse, Gefühle, Gedanken und die Vorstellungskraft. Deshalb wird bei den folgenden Übungen häufig die Anweisung gegeben: „Stellen Sie Sich vor...!" Wenn Sie sich also etwas vorstellen – so genau und bildlich wie möglich –, beeinflusst das Ihren Körper und Ihre Atmung wesentlich effektiver als eine simple Anweisung für eine Muskelbewegung.

Ausatmen!

Kennen Sie den Spruch, der in Stresssituationen gern gesagt wird: „Erst einmal tief Luft holen"? Daraufhin pumpt man sich mit Luft voll, um dann vielleicht nur vier oder fünf Wörter sagen zu können. Dieser Spruch ist weit verbreitet und einfach falsch!

Wenn Sie Atemnot verspüren, haben Sie meist zu viel und nicht zu wenig Luft. Versuchen Sie es ab jetzt genau andersherum: Bevor Sie vor Publikum anfangen zu sprechen, atmen Sie erst einmal aus. So stehen Sie nicht von Anfang an unter Druck – und für die ersten Wörter haben Sie immer genug Luft!

Öffnen der Atemräume: Räkeln und Seufzen

- Wecken Sie Ihren Körper und öffnen Sie Ihre Atemräume, indem Sie sich kräftig dehnen und räkeln.
- Stellen Sie sich auf die Zehenspitzen und greifen Sie mit den Händen „in den Himmel". Krümmen Sie sich danach ganz eng zusammen.
- Richten Sie sich wieder auf, fassen Sie Ihre Hände. Ziehen Sie Ihre Arme, soweit es geht, nach vorn und machen Sie einen Katzenbuckel.
- Danach ziehen Sie Ihre Hände so weit wie möglich nach hinten und dehnen dabei auch Ihren Brustkorb.
- Führen Sie die Übung ruhig und mit Genuss aus. Achten Sie darauf, Ihren Kiefer locker zu lassen. Halten Sie nicht den Atem an! Ihre Atmung geht die ganze Zeit weiter.
- Machen Sie – wenn möglich – seufzende, stöhnende Laute dazu, in jeder Tonlage, die Sie auf angenehme Weise mit Ihrer Stimme erreichen.

© 2011 Ulrike Völger, Rechte bei der Autorin

Die Tiefatmung mit dem Zwerchfell

Das Zwerchfell ist unser wichtigster Atemmuskel. Wenn Sie das Zwerchfell atmen lassen, heißt das, dass es sich mit der Atmung absenkt und dann auch Ihre Stimme unterstützen kann. Das Zwerchfell reagiert – im Gegensatz zu anderen Muskeln – nur auf Gedanken und Vorstellungen (siehe S. 52).

Achten Sie einmal beim Einschlafen oder Aufwachen auf Ihren Atem. Hebt sich Ihre Bauchdecke beim Einatmen und senkt sie sich beim Ausatmen? Das ist die Tief- oder Zwerchfellatmung.

Und im Alltag? Ziehen Sie, wenn Sie etwas ankündigen oder sagen sollen, bei der Einatmung Ihre Schultern hoch und heben den Brustkorb? Das nennt man Hoch- oder Schulteratmung.

Beim Sprechen sollten Sie versuchen, Ihren Körper genauso atmen zu lassen, wie er es im Schlaf macht.

Für eine tragende, wohlklingende Stimme ist es erforderlich, die sogenannte Tiefatmung – im Gegensatz zur Hochatmung – zu nutzen.

Im Alltag atmen Sie oft in den Brustkorb und in den Bauch. Diese Vollatmung, z.B. bei einem Durch- und Aufatmen oder beim Gähnen, ist völlig in Ordnung.

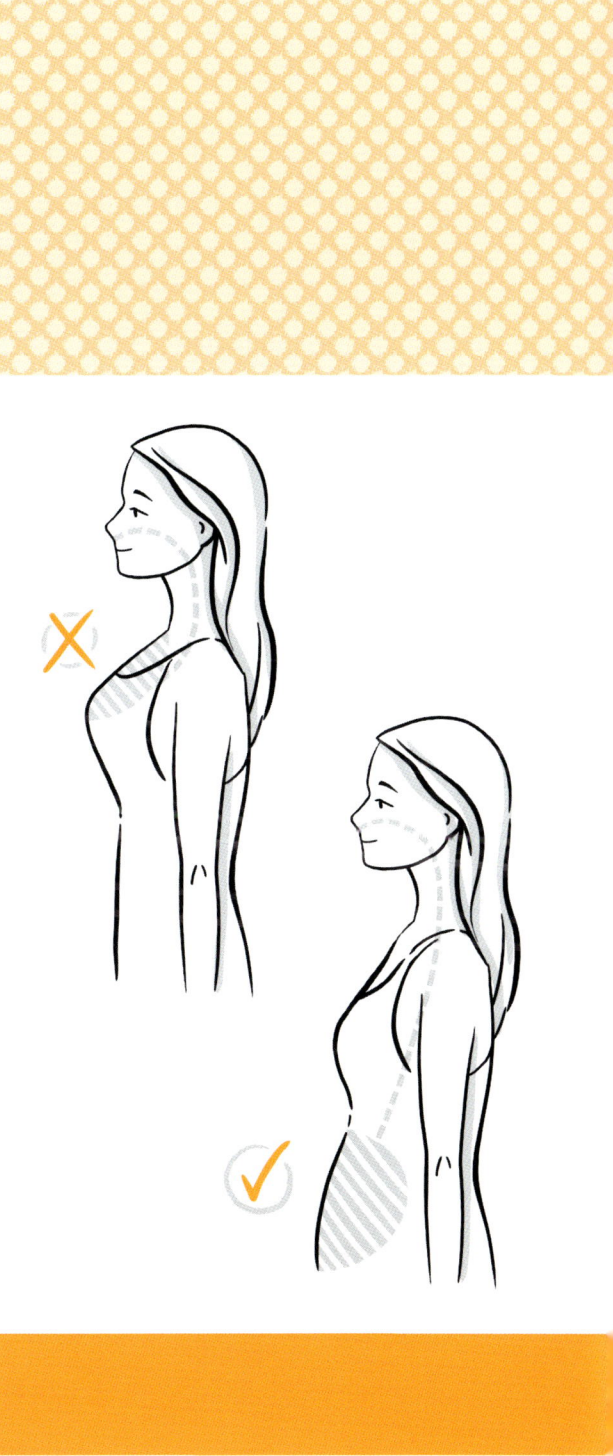

Tipp: Der Bauch atmet mit

Das Zwerchfell arbeitet bei intensiver Aussprache bestimmter Konsonanten fast automatisch mit. Konsonanten sind (im Gegensatz zu Vokalen) immer Laute, die durch irgendeinen Widerstand unserer Sprechwerkzeuge gebildet werden. Die Lippen, die Zunge oder die Zähne bauen eine Art Hürde auf. Ein Beispiel:

Beim Sprechen von F und S wird Druck aufgebaut, der sich direkt auf das Zwerchfell auswirkt. Das Zwerchfell wird damit „geweckt" und arbeitet mit. Sie können diese Laute nutzen, um ein Gefühl für den Sitz des Zwerchfells zu bekommen.

Übung: Wahrnehmung der Atmung

Es ist sinnvoll, ein Bewusstsein dafür zu entwickeln, was unser Atem im Körper macht – und wo.

- Legen Sie sich bequem und entspannt auf den Rücken und finden Sie in Ruhe Ihren Atemrhythmus.
- Stellen Sie sich vor, Ihr Becken sei eine Schale, deren beweglicher Rand sich eine Handbreit unter dem Bauchnabel befindet und rings um Ihren Körper geht. Am Rücken befindet er sich ungefähr in Höhe des Kreuzbeins.
- Mit der Einatmung vergrößert sich die „Schale", sie füllt sich mit Atem, als wäre es kristallklares Wasser. Mit der Ausatmung verkleinert sie sich wieder. Ihr Bauch, Ihr unterer Rücken und Ihre Seiten oder Flanken werden vom Atem bewegt.
- Bei der Ausatmung lenken Sie Ihre Atmung bewusst in die Bauchorgane und die Füße. So wird der Kreislauf beruhigt.

© 2011 Ulrike Völger, Rechte bei der Autorin

Die Tiefatmung mit dem Zwerchfell

 **Übung** Tiefatmung 1: An einer Rose riechen

- Holen Sie ganz tief Luft und seufzen Sie: „Ohhh jeeee!" Vermutlich haben Sie dabei in Ihren oberen Brustbereich hineingeatmet – ähnlich, wie beim Weinen. Die „Wohlfühlatmung" – also das Atmen in den Bauch – geht anders. Dazu brauchen Sie etwas Fantasie:
- Stellen Sie sich nun vor, Sie würden eine herrlich duftende Rose in der Hand halten. Saugen Sie durch die Nase genüsslich den Duft der imaginären Blume bis tief in den Bauch ein. Auf diese Weise aktivieren Sie besonders gut Ihre Tiefatmung, also die wohltuende Funktion Ihres Zwerchfells.

Übung: Tiefatmung 2: Kerze auspusten

- Stellen Sie sich hin oder setzen Sie sich aufrecht – aber entspannt – auf eine Stuhlkante. Stellen Sie sich vor, in rund einem Meter Entfernung vor Ihnen steht in Gesichtshöhe eine brennende Kerze und Sie möchten sie auspusten.
- Um mehr Intensität im Atemstrom zu erlangen, pusten Sie mit einem scharfen „Fff". Rufen Sie einmal laut „Feuer"! ③ (Das F wird gebildet, indem die Unterkante der oberen Schneidezähne auf der Innenseite der Unterlippe liegt. Dazwischen reibt sich der Luftstrom, siehe S. 124).
- Pusten Sie jetzt also mit „Fff", aber ohne vorher einzuatmen. Merken Sie, wie sich etwas im Bauchbereich anspannt? Lassen Sie diese Spannung wieder los und versuchen Sie gleichzeitig Ihren Mund zu öffnen und Ihren Kiefer zu entspannen. Also: Imaginäre Kerze mit einem scharfen „Fff" auspusten, kurz innehalten, um dann gleichzeitig die Spannung in Bauch und Rücken sowie den Unterkiefermuskeln zu lösen!
- Spüren Sie, wie die Luft automatisch einströmt, ohne dass Sie etwas anderes tun müssen, als loszulassen? Vermeiden Sie, im Anschluss Ihre Schultern hochzuziehen, um noch mehr Atem zu schöpfen, denn Sie brauchen nicht so viel Luft.

Machen Sie die Übung mehrmals hintereinander und beobachten Sie dabei die Vorgänge in Ihrem Körper. Gewöhnen Sie Ihren Körper an die Tiefatmung!

© 2011 Ulrike Völger, Rechte bei der Autorin

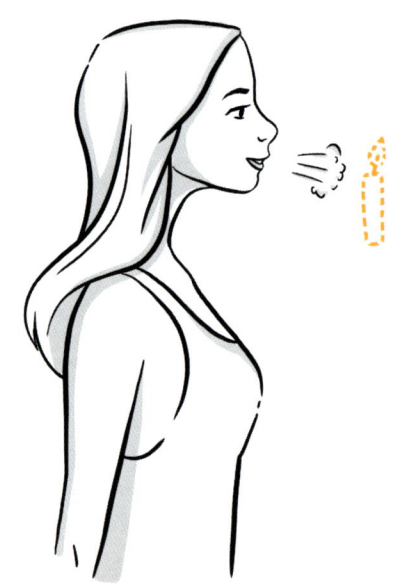

Gähnspannung – was ist das?

Damit Ihre Stimme klingen kann, muss sie aus Ihrem Körper herauskommen. Zu diesem Zweck muss der Rachenraum hinten im Hals möglichst weit geöffnet sein. Das Dehnen und Weiten des Rachens wirkt sich positiv auf die Atemeinteilung aus.

Bei vielen Menschen ist der Rachen beim Sprechen zu eng. Die Stimme klingt dadurch eng und flach. Wie können Sie das ändern? Indem Sie das Gähnen üben – und zwar mit geschlossenem Mund und durch die Nase, so als ob Sie in einer feinen Gesellschaft Ihre Müdigkeit verbergen wollten.

Übung: Rachenweitung 1: Gähnen

- Gähnen Sie mit geschlossenem Mund und fühlen Sie mit der Hand, was Ihr Kehlkopf macht. Er sinkt nach unten. Der Rachenraum weitet sich, der hintere Teil der Zunge wandert nach unten, es entsteht die sogenannte Gähnspannung. Der Kehlkopf ist dann in seiner tiefsten und entspanntesten Stellung.
- Falls Sie nicht auf Anhieb gähnen können, denken Sie an einen kleinen Luftballon, der in Ihrem Mund größer wird und den Raum immer mehr ausfüllt, bis Sie gähnen müssen.
- Aus dieser Gähnspannung heraus stellen Sie sich nun vor, Sie hätten eine heiße Kartoffel im Mund. Das hilft und schafft Raum – das Gaumensegel hebt sich, die Zungenwurzel wandert leicht nach unten. Ihre Lippen liegen locker aufeinander.
- Summen Sie nun im Rhythmus Ihrer Armschwünge abwechselnd M, N und NG. Die Laute sollten dabei vibrieren.
- Atmen Sie immer, wenn Sie das Bedürfnis haben, und ziehen Sie die Schultern dabei möglichst nicht hoch.

Der nächste Schritt besteht nun darin, diese Rachenweite oder Gähnspannung auch *ohne* Gähnen herzustellen. Üben Sie so lange, bis Sie Gaumensegel und Zungenwurzel als Muskel entdecken und den Rachen jederzeit in die gewünschte Weite bringen können. Am Anfang führt das zu ständigem Gähnen. Je besser Ihre Kontrolle über diese Muskulatur wird, umso weniger werden Sie dabei gähnen müssen.

© 2011 Ulrike Völger, Rechte bei der Autorin

Übung: Rachenweitung 2: „Hänschen klein …"

Diese Übung zeigt deutlich, wie sich das Dehnen und Weiten des Rachens und des gesamten Oberkörpers auf unsere Atemeinteilung auswirkt.

- Sprechen (nicht singen!) Sie einmal die erste Zeile von „Hänschen klein", sooft es auf einen Atemzug geht:
  „Hänschen klein, ging allein …" (4)
  Wie oft haben Sie es geschafft?
- Stellen Sie sich jetzt Folgendes vor: Es wird gerade Frühling. Sie sind ausgeschlafen. Nach dem Aufwachen haben Sie das Fenster geöffnet. Sie schauen auf Bäume, die gerade anfangen auszutreiben, oder auf eine Wiese, auf der schon Krokusse blühen.
- Sie strecken und dehnen sich, während Sie gähnen. Im Gähnen, Dehnen und Strecken sprechen Sie jetzt noch einmal die erste Zeile von „Hänschen klein" sooft als möglich auf einen Atemzug. Diesmal gelingt es sicherlich häufiger …

Sie können dieses Gefühl der Dehnung und Weite von Rachen und Rumpf trainieren, bis es für Sie ganz selbstverständlich ist. So wird es sich – mit etwas Übung – auf Ihre Sprechweise im Alltag übertragen, ohne unnatürlich zu wirken.

© 2011 Ulrike Völger, Rechte bei der Autorin

Die Atemstütze

Haben Sie schon einmal den Begriff „Atemstütze" oder „Stimmstütze" gehört? Wenn ja, was haben Sie sich bisher darunter vorgestellt? Eine Anspannung der Bauchmuskulatur, damit die Stimme stabiler wird? Zu dem Wort Stütze würde dies ja passen. Versuchen Sie, diese Vorstellung zu vergessen oder noch besser: zu ändern!

Eine erste Hinführung zur professionellen Stütze oder besser „inspiratorischen Gegenspannung" soll hier gegeben werden. Mit dieser körperlichen Unterstützung wird Ihre Stimme klarer und tragfähiger. Zudem bleibt sie auch in der Lautstärke klangvoll.

Wichtig ist, dass es Ihnen immer öfter gelingt, Ihren Körper atmen zu lassen, also abzuspannen (siehe S. 61), statt Luft einzuziehen.

Übung Atemstütze 1: „Blo-Bom-Bombe"

- Setzen Sie sich auf einen Stuhl mit möglichst nicht gepolsterter, gerader Sitzfläche.
- Stellen Sie sich wieder vor, Ihr Becken sei eine Schale, deren beweglicher Rand sich in Höhe Ihres Bauchnabels befindet und rund um Ihren Rumpf geht (vgl. S. 54).
- Um ein Gefühl dafür zu bekommen, legen Sie sich eine Hand auf den Bauch (den Daumen in Höhe des Bauchnabels) und die andere Hand mit der Außenseite genau gegenüber auf den Rücken.
- Bei der Einatmung vergrößert sich die „Schale", bei der Ausatmung verkleinert sie sich.
- Stellen Sich vor, dass diese Schale mit kristallklarem Wasser gefüllt ist. Durch die Ausatmung verschwindet das „verbrauchte" Wasser, mit der Einatmung erneuert sich das Wasser – es ist klar und sauber.
- Ihr Rachen öffnet sich weit in „Gähnspannung" und Ihre Luftröhre ist die weite und geräumige Verbindung zwischen der Schale und Ihrem Rachen.
- Nehmen Sie jetzt die Silbe „Blo" imaginär „in eine Hand". Werfen Sie sie sprechend in den Mund durch den Rachen bis in die Schale: *„Blo – Blo – Blo …"* usw.

Was passiert mit einem dehnbaren, vollen Gefäß, in das etwas geworfen wird? Es wird größer! Nun wenden Sie vielleicht ein: „Aber wenn ich spreche, also ausatme, dann wird doch mein Rumpf kleiner, weil Atem entweicht." Das stimmt, aber wenn Ihr Zwerchfell – als wichtigster Atemmuskel – Ihre Ausatmung wie ein Ventil dosiert, entsteht eine Gegenspannung. Das Zwerchfell bleibt dann länger in der Einatmungsspannung. So verbrauchen Sie weniger Luft und das tut Ihrem Stimmklang gut.

- Sie werfen also „Blo" in den Rachen und versuchen sich vorzustellen, wie die Silbe in Ihre Beckenschale fällt, bis auf die Sitzfläche des Stuhls. Ihr Bauch, Ihr Rücken und Ihre Flanken dehnen sich dabei deutlich nach außen. Das ist schwierig und benötigt viel Training. Geben Sie nicht auf, auch wenn es Ihnen schwerfällt.
- Werfen Sie sich nun nacheinander in den Rachen:
„Blo – Bom – Bombe!" 5
- Werden Sie mit jeder Silbe lauter und stellen Sie sich gleichzeitig vor, wie Ihre Stimme erst den Raum um Sie herum, dann das ganze Zimmer und dann einen großen Saal erfüllt:
„Blo – Bom – Bombe!"

© 2011 Ulrike Völger, Rechte bei der Autorin

IV Atmen kann jeder – oder?

Übung: Atemstütze 2: Die Suppen-Kerzen-Übung

- Setzen Sie sich entspannt und aufrecht hin. Nutzen Sie – wenn möglich – vor allem Ihre Bauch- und Brustatmung.
- Spitzen Sie Ihre Lippen wie zum Pfeifen. Atmen Sie durch die Nase ein. Atmen Sie aus, indem Sie sich vorstellen, Sie wollten einen vollen Löffel heißer Suppe kühlen. Der Löffel soll aber nicht überlaufen.
- Stellen Sie sich vor, dass Ihr Kopf dabei immer klarer wird.
- Steigern Sie jetzt die Übung: Nun steht eine imaginäre brennende Kerze vor Ihnen. Sie wollen sie nicht ausblasen, sondern nur die Flamme beugen. Sie darf dabei nicht ausgehen.
- Je sicherer Sie werden, umso weiter weg stellen Sie in Gedanken die Kerze. Sie müssen jetzt stärker und gezielter blasen. Dabei werden Sie feststellen, dass sich Ihr Zielvermögen und Ihre Konzentration verbessern.

© 2011 Ulrike Völger, Rechte bei der Autorin

Übung: Reflektorische Atmung: Die Zeitungsübung

- Stellen Sie sich gerade hin und erinnern Sie sich an die aufrechte Haltung, die Sie sich in den Übungen zur Körperhaltung erarbeitet haben.
- Nehmen Sie die Seite einer alten Zeitung in beide Hände und heben Sie die Arme in Brusthöhe, als wären Sie ein Dirigent oder eine Dirigentin.
- Während Sie jetzt auf „Fff" ausatmen, reißen Sie einen schmalen Streifen von der Zeitung ab. Ihre Hände bewegen sich dabei horizontal auseinander. Reißen Sie nicht so, dass sich eine Hand Richtung Boden bewegt, denn Ihr Brustkorb soll sich bei dieser Übung weiten.

Die Atemstütze

- Versuchen Sie, die Länge Ihres Ausatmens mit dem Reißen zu kombinieren, sodass Sie mit Atmen und Reißen gleichzeitig fertig werden.
- Halten Sie jetzt kurz inne. Nehmen Sie die Spannung wahr, die sich in der Körpermitte aufgebaut hat. Konzentrieren Sie sich während dieser Pause auf Ihren Unterkiefer und diese „Mittelkörperspannung".
- Entspannen Sie jetzt vier Körperteile gleichzeitig: Ihren Unterkiefer, Ihre Körpermitte und beide Arme.

Diese Übung erfordert viel Konzentration. Geben Sie nicht zu schnell auf, sondern üben Sie weiter. Denken Sie daran, vor der Übung nicht viel oder möglichst gar nicht extra einzuatmen. Atmen Sie während der Übung nur so viel aus, wie Ihnen angenehm ist. Ob beim Ein- oder Ausatmen: Jedes Zuviel tut Ihnen nicht gut!

Wenn es Ihnen gelungen ist, hat Ihr Körper jetzt geatmet, ohne dass Sie bewusst Atem „holen" mussten. Und: Ihr Brustkorb ist nicht eingefallen. Diese Art des Atmens wird auch „Abspannen" oder reflektorische Atmung genannt.

© 2011 Ulrike Völger, Rechte bei der Autorin

V Die Stimme kennenlernen

Die Sprache gehört zum Charakter des Menschen.

Sir Francis von Verulam Bacon,
englischer Philosoph

V. Die Stimme kennenlernen

Stimme und Persönlichkeit

„Persönlichkeit" kommt vom lateinischen Wort „personare" = durchtönen, durchklingen. Wie Ihre Persönlichkeit von anderen wahrgenommen wird, hat sehr viel mit dem Klang Ihrer Stimme zu tun und oft entscheiden Sekunden darüber, ob und wie Sie bei Ihrem Gegenüber „ankommen".

Eine Stimme, die die meisten Menschen erreicht und sie zum Zuhören bewegt, ist eine Stimme, die angenehme und positive Gefühle auslöst. Es ist eine Stimme, die ausgewogen ist, die Kopf- und Bruststimme (siehe S. 78), Helles und Dunkles, Lautes und Leises verbindet. Es ist eine Stimme, die voll klingt, die beweglich und entspannt ist.

Klingt Ihre Stimme gepresst, flach oder gequetscht, dann ist sie auch nicht „durchlässig", das heißt: Sie kann die Gefühle, Stimmungen und Haltungen, die Sie vermitteln wollen, nicht mehr „rüberbringen". Erwarten Sie aber nicht, dass Ihre Stimme immer gleich klingt.

Schwankungen sind normal und auch erwünscht. Sie sind ja kein Computer.

Falls Sie bisher dachten, Ihre Stimme sei eben so, wie sie ist, und man könne daran nichts ändern, haben Sie sich geirrt. In jedem Alter haben Sie die Möglichkeit, Ihre Stimme zu entwickeln und Ihr Potenzial zu entfalten!

Für die Entwicklung einer klang- und modulationsfähigen Stimme ist es notwendig, Ihre Resonanzräume zu weiten. Sie sollten im Mund, im Rachen, in der Kehle und im gesamten Körper ein Gefühl von wohliger, wacher Entspannung haben. Dann ist jede stimmliche Tätigkeit angenehm.

 **Interessantes am Rande**

Ist es nicht erstaunlich, dass man beim Telefonieren bereits an der Stimme erkennt, wer am Apparat ist? Man meint, während des Gesprächs den Menschen vor sich zu sehen und hört Stimmungen heraus: „Du hast doch was, ich hör´s doch!"

Angenommen, Sie sind in der Küche und hören nur den Ton Ihres Fernsehapparates. Dann wissen Sie trotzdem, was gerade läuft. Bereits am Tonfall der Stimmen erkennen Sie, ob es sich um einen Krimi, eine Talkshow, einen Werbespot oder um Nachrichten handelt.

 Stimme und Stimmung

*Der Klang unserer Stimme ist das ideale „Transportmittel" für die Gefühle, die wir in uns tragen und weitergeben wollen. Über die Melodie, eine be****stimmte*** *Tonlage und über die Lautstärke vermitteln wir **Stimm**ungen. Beim Sprechen kommen die Laute von A bis Z dazu. Durch unsere Artikulation machen wir Buchstaben hörbar – und damit auch die Worte und all das, was wir sagen wollen.*

Die eigene Tonlage

Sprechen Sie wirklich in Ihrer persönlichen und optimalen Sprechtonlage, in der Tonlage also, in der Sie mit dem geringsten Kraftaufwand – also ökonomisch – sprechen und Ihre Stimme am besten klingt? Oder kann es sein, dass Sie immer ziemlich hoch oder sehr tief sprechen oder dass Sie gar nicht wissen, wo sich Ihre Sprechtonlage befindet?

Je nach der Beschaffenheit der Stimmlippen hat jeder seine persönliche Wohlfühltonlage, auch „Indifferenzlage" genannt. Das ist der angenehme Bereich der Tonhöhen, in dem eine Stimme „zu Hause" ist, d. h. in der man mühelos spricht. Damit Ihre Sprache interessant, vertrauenswürdig und lebendig klingt, sollten Sie diese „Bandbreite" stets umspielen und immer wieder dahin zurückkehren. Allgemein liegt die Sprechtonlage meist etwas darüber. Auf jeden Fall sollten Sie Ihre persönliche Indifferenzlage kennen, denn so überfordern Sie Ihre Stimme nie.

Übung: Die Indifferenzlage

- Setzen Sie sich bequem hin. Stellen Sie sich vor, Sie bejahen entspannt und emotionslos eine Frage (z. B. „Hast du eigentlich Milch gekauft?") mit einem faul gebrummten „Hmm!". Dazu nicken Sie leicht mit dem Kopf. Wiederholen Sie das so lange, bis Sie merken, dass Ihr Brummen immer und ohne Nachdenken in der gleichen Höhe erklingt.
- Sprechen Sie jetzt genau in dieser Lage folgenden Satz, möglichst ohne mit der Stimme hoch oder runter zu gehen: (6)
  „Das Wetter soll noch mal richtig schön werden."

Klang das ein wenig gleichgültig? Dann haben Sie einfach nur „indifferent", also neutral gesprochen.

© 2011 Ulrike Völger, Rechte bei der Autorin

Das Gefühl für die Stimme

Empfinden Sie Ihre Stimme als zu hoch, zu flach, zu heiser? Oder haben Sie vielleicht gar kein Gefühl dafür? Welche Stimme hören Sie bei anderen gern? Vermutlich bevorzugen Sie die oben erwähnte voll klingende Stimme und nicht die Stimme, die sich piepsig, metallisch, brüchig oder eng anhört. Wenn Sie möchten, dass Ihre Stimme voller klingt, braucht sie mehr Resonanz, also mehr Raum, und Ihr Körper benötigt mehr Schwingung.

Raum entsteht, wenn Sie lockerlassen, ohne dabei in sich zusammenzufallen. Schwingung wird möglich, wenn Sie die Mitte zwischen Anstrengung oder Druck und Laschheit oder fehlender Intensität finden. Dann wird das Zwerchfell Ihre Stimme unterstützen und tragen.

Übung: Klangübung für die Stimme

- Setzen Sie sich bequem, aber aufrecht hin. Stellen Sie sich vor, Sie würden gerade Ihr Lieblingsgericht essen. Ihr Mund ist voll und Sie kauen genüsslich. Dabei machen Sie: *„Hmmm!"* Ihre Stimme bewegt sich entspannt von oben nach unten, Ihre Lippen vibrieren locker.
- Kauen Sie weiter und verlängern Sie nach jedem dritten *„Hmmm!"* zu dem Satz: (7)
  „Hmmm, ist das lecker!"
- Strengen Sie sich dabei nicht an und seien Sie trotzdem aktiv. Wiederholen Sie dies einige Minuten lang.

© 2011 Ulrike Völger, Rechte bei der Autorin

Aha! Interessantes am Rande

Ausländische Spielfilme werden in Deutschland meist „synchronisiert", d.h. die Darsteller sprechen mit „ihrer" deutschen Stimme. Diese klingt manchmal sogar sympathischer als das Original. Ist Ihnen schon mal aufgefallen, dass die „Synchronstimme" Ihres Leinwandlieblings ausgetauscht wurde? Plötzlich wirkt die vertraute Person völlig fremd. So viel zum Charakter und der Macht einer Stimme!

Aha! Interessantes am Rande

Mögen Sie Zeichentrickfilme? Schon lange werden diese Streifen nicht mehr von Hand gezeichnet, sondern am Computer „animiert" (von lat. „animare" = zum Leben erwecken).

Die Figuren der großen Trickfilme, die fürs Kino produziert werden, verdanken ihre Lebendigkeit vor allem den Stimmen der "Voice Talents":

Zunächst lernen Schauspieler die Eigenschaften der Rollen kennen, die sie verkörpern sollen. Nur mit den Dialogtexten, einigen Rohzeichnungen und den Regieanweisungen „ausgestattet", bleibt es ihrer Fantasie überlassen, wie sie den Charakter einer gezeichneten Figur sprechen und spielen. Das emotionsgeladene und kreative Stimmenfeuerwerk der "Voice Talents" dient den Trickzeichnern am Computer als Vorlage für das Timing aller Bewegungen ihrer animierten Charaktere. Rhythmus und Gestik richten sich nach der Sprache.

Die Stimmpflege

Wenn Sie Ihre Stimme häufig nutzen und im Berufsalltag oft vor vielen Menschen sprechen müssen, kennen Sie die Schwierigkeiten, die sich daraus ergeben können: Die Kehle schmerzt, der Hals kratzt, es entsteht ein Gefühl, als hätten Sie einen Kloß im Hals. Vielleicht sind Sie nach einem langen „Sprechtag" auch heiser, müssen aber noch auf eine Abendveranstaltung und am nächsten Morgen weiterreden.

Wenn Sie die in diesem Buch beschriebenen Techniken erlernen, werden diese Probleme viel seltener auftreten, denn unsere Stimme braucht Aufmerksamkeit und Pflege. In der Sprecherziehung nennt man das „Stimmhygiene". Haben Sie das Summen und Prusten mit den Lippen geübt (siehe S. 41)? Auch dies sind stimmhygienische Übungen, mit denen Sie Ihrer Stimme etwas Gutes tun.

Übung Stimmhygiene

- Summen und Prusten Sie noch einmal mit den Lippen (siehe S. 41). Gehen Sie dann einen Schritt weiter und verbinden Sie das Summen mit dem Prusten und mit Vokalen: O-U-A-E-I-Ö-Ü-Ä-EI-EU-AU.
- Nehmen Sie zunächst jeden Vokal für sich. Wenn Sie sicherer werden, üben Sie die ganze Reihe: (8)
  „Brrrom – Brrrum – Brrram – Brrrem – Brrrim – Brrröm – Brrrüm – Brrräm – Brrreim – Brrreum – Brrraum."

Die Doppellaute sind meist schwer zu greifen. Dabei rutschen die Lippen bisweilen weg. Aber Achtung: Nicht drücken! Eine volle, tragende Stimme kann nur aus einer entspannten Kehle kommen. Jede Verkrampfung, jeder Druck verschlechtert die Stimmqualität!

©2011 Ulrike Völger, Rechte bei der Autorin

Übung Gegen Nasalität

Auch wenn Ihr Unterkiefer locker und Ihr Rachen weit ist und Sie genug Atem beim Sprechen verwenden, kann es sein, dass Ihre Stimme nicht so klingt, wie Sie es sich wünschen. Vielleicht sprechen Sie sehr nasal?

Einerseits gibt es das geschlossene Näseln, z. B. wenn Sie Schnupfen haben und unsere Nase komplett verstopft ist. Hier muss man warten, bis die Erkältung abklingt. Andererseits gibt es aber auch ein offenes Näseln, was meist daher kommt, dass beim Sprechen zu viel Luft durch die Nase strömt. Machen Sie folgenden Test:

- Halten Sie sich mit zwei Fingern die Nase zu und sagen Sie laut:
  „Tatütata! Tatütata!" (9)
  Klang das nasal? Dann näseln Sie wahrscheinlich. Woher kommt das? Wahrscheinlich ist Ihre Körperspannung bzw. Ihr Körpertonus zu

schwach und Sie sind beim Sprechen eher passiv.
- Probieren Sie das „Tatütata" so lange, bis es auch bei geschlossener Nase nicht nasal klingt! Schicken Sie die Luft ganz bewusst durch den Mund. Im Deutschen gibt es nur ein paar Laute, bei denen die Luft durch die Nase strömen muss, nämlich bei N, M und NG.
- Sie können Ihr Bewusstsein für die Richtung der Ausatmungsluft trainieren, indem Sie gähnen und abwechselnd durch Mund und Nase ausatmen.

Wenn Sie diese Übung beherzigen und beim Sprechen auf einen lockeren Kiefer und deutlichere Artikulation achten, verschwindet der nasale Stimmklang vielleicht schon bald.

© 2011 Ulrike Völger, Rechte bei der Autorin

Der Stimmsitz

Haben Sie schon einmal das Wort „Stimmsitz" gehört? In der Fachsprache wird damit benannt, ob die Stimme beim Sprechen (gefühlt und hörbar) vorn oder ganz hinten im Mund, also fast im Rachen „sitzt". Ideal ist es, wenn Ihre Stimme, Ihre Sprechweise vorn „an den Zähnen sitzt". Dann sind Sie präsenter, Ihre Stimme klingt besser, hat mehr Reichweite und eine bessere Verständlichkeit.

Übung Zungenübung zum Stimmsitz

Diese kurze Übung trainiert die Zunge und holt gleichzeitig – wenn man sie richtig macht – auch Ihre Stimme nach vorn, dorthin, wo sie beim Sprechen auch hingehört.

- Sprechen Sie: (10)
  „Tli – Tlü – Kli – Klü
  Kli – Klü – Tli – Tlü"
- Vielleicht ist Ihnen die Übung fast gelungen – bis auf das letzte „Tli-Tlü"? Versuchen Sie es gleich noch einmal. Die Übung sollte sauber und klangvoll klingen und es darf kein Schmatzen oder Gurgeln seitlich der Zunge geben.
- Falls es nicht klappt, versuchen Sie Folgendes: Schieben Sie ein E zwischen den Anfangskonsonanten und das L:
  „Teli – Telü – Keli – Kelü
  Keli – Kelü – Teli –Telü"
- Trainieren Sie so lange, bis Sie das Tempo steigern können und die zuerst genannte Version realisierbar wird.

Diese Übung ist schwierig, aber ein sehr wirkungsvolles Zungen- und Artikulationstraining.

© 2011 Ulrike Völger, Rechte bei der Autorin

 **Wahrnehmung des Brustkorbs: Das Monster**

Diese Übung lässt Sie die Resonanz der Schwingung, die im Brustkorb stattfindet, spüren.

- Erinnern Sie sich noch, wie Sie als Kind mit den Fäusten auf die Brust getrommelt und dabei Töne produziert haben, die ein bisschen nach Gorilla klangen? Probieren Sie dies noch einmal und variieren Sie anschließend die Tonhöhe und die Vokale: *„O-U-A-E-I-Ö-Ü-Ä."*
- Sie können dabei auch mit dem ganzen Körper wippen, so als würden Sie auf einer Halloween-Party den Zombie spielen. Das wirkt vielleicht albern, aber es kann auch Spaß machen und es lockert Sie – und Ihre Stimme.

© 2011 Ulrike Völger, Rechte bei der Autorin

 **Wahrnehmung des Stimmsitzes: Der Fallschirm**

Mit der folgenden Übung nehmen Sie noch einmal bewusst den Sitz der Stimme war und erspüren Resonanzräume.

- Gähnen Sie laut und hemmungslos, seufzen Sie und lassen Sie Ihre Stimme genüsslich von oben nach unten gleiten.
- Stellen Sie sich jetzt vor, dass Sie einen Fallschirmspringer vom Absprung bis zur Landung beobachten. Sie zeigen mit Arm, Hand und auch mit Ihrem Blick auf den imaginären Fallschirm und setzen mit Ihrer Stimme so hoch und so leise an, wie Sie können. Bilden Sie ein staunendes *„Boooh!"*
- Arm, Stimme und Blick gleiten nun langsam nach unten. Irgendwo „in der Mitte" merken Sie den Wechsel zwischen Kopf- und Bruststimme. Rutschen Sie mutig darüber.
- Jetzt können Sie auch ein bisschen lauter werden. Wenn Sie sich stimmlich sicher fühlen, kommentieren Sie „die Landung" mit einem kräftigen *„Bodododom!"* (offenes O wie in „Rost"). Und gleich noch mal: *„Bodododom!"* (11)

© 2011 Ulrike Völger, Rechte bei der Autorin

 **Übung Tragender Stimmklang**

- Sie stehen oder sitzen aufrecht und beginnen mit einer der Atemübungen. Es geht zunächst darum, Ihr Zwerchfell zu aktivieren und sich bewusst zu machen, woher Ihre Sprechenergie kommt. Nutzen Sie bei der folgenden Übung die Tiefatmung.
- Singen Sie nun auf einem Ton: (12) „MmmoooNnnooo."
- Ihr Rachen ist weit (Gähnspannung, siehe S. 57), Ihr Unterkiefer locker, die Zunge entspannt. Die Lippen liegen beim M locker aufeinander und stülpen sich dann beim O deutlich gerundet vor. Machen Sie mit den Händen eine Bewegung, als würden Sie den Ton aus sich herausziehen – das ist eine gute Unterstützung.
- Hören Sie genau hin. Stellen Sie sich nun vor, den Ton an ein Gegenüber zu senden. Lassen Sie ruhig mehrere „MmmoooNnnooo" aufeinander folgen. Denken Sie aber daran zu atmen, bevor Sie in Atemnot geraten. Sie werden merken: Je weniger Luft Sie verbrauchen, umso klarer und tragender wird der Ton.

© 2011 Ulrike Völger, Rechte bei der Autorin

 **Nicht räuspern, nur summen**

Wenn Sie Stimmübungen machen und dabei auf einmal einen „Frosch im Hals" haben, versuchen Sie, sich nicht zu räuspern! Das Räuspern tut Ihrer Stimme weh und ist meist gar nicht nötig. Summen Sie den Frosch einfach weg: Schließen Sie die Lippen und „singen" Sie entspannt ein „Hmmm" – von oben nach unten. Während Ihre Stimme nach unten wandert, verjagen Sie das Hindernis, das Sie zum Räuspern brachte.

Den „Räusperzwang" erlebt man auch in Gruppen, in denen jemand nach längerem Zuhören zum Sprechen aufgefordert wird.

Die Stimme modulieren

Wie beim Gesang ändert sich auch beim Sprechen die Tonhöhe. Würden Sie ständig nur auf dem gleichen Ton sprechen, wäre das „monoton", eintönig und langweilig.

Eine Bewegung der Töne beim Sprechen macht einen Text interessant. Für eine gute Balance sind Ihr Feingefühl und Ihre Musikalität gefragt: nicht zu viel und nicht zu wenig. Ein Singsang lullt den Hörer ein oder nervt unterschwellig. Machen Sie sich die Melodie Ihrer gesprochenen Wörter bewusst, denn wie in der Musik vermittelt sie Gefühle.

 **Wie machen es die Profis?**

Hören Sie anderen immer mal wieder bewusst und kritisch zu – vor allem den Profis in Radio, Film und Fernsehen und auch den Politikerinnen und Politikern. Was gefällt Ihnen und was nicht? Machen Sie sich Notizen!

 **Gegen Monotonie**

Wenn eine Stimme am Ende eines Satzteils nach oben geht, erwartet der Hörer, dass noch etwas folgt. Vor allem bei Aufzählungen ist das typisch.

- Sprechen Sie folgenden Satz: (14)
  „Zuerst gehe ich einkaufen …,
  (Stimme leicht nach oben)
  … dann ins Schwimmbad …,
  (Stimme wieder nach oben)
  … anschließend ein Eis essen …
  (Stimme steigt an)
  … und schließlich nach Hause."
  (Stimme nach unten)
- Probieren Sie nun, dieselbe Aufzählung jedes Mal anders zu sprechen: Einmal so, dass in jedem dieser Satzteile die Stimme nach unten geht, ein anderes Mal so, dass Ihre Stimme „in der Schwebe", d. h. auf demselben Ton bleibt usw. So bekommen Sie ein Bewusstsein für den Tonverlauf Ihrer Stimme und können diesen selbst beeinflussen. Gesprochene Tonbögen sollten immer begründet sein, sich also nach einem Sinn richten. Schalten Sie also die „Automatik" aus!

Das Stimmpotenzial

Wie geht es eigentlich Ihrer Stimme, wenn Sie ein bisschen lauter werden müssen? Sie möchten zum Beispiel jemanden rufen oder sich in einem Raum, in dem viele reden, Gehör verschaffen. Oder Sie müssen laut sprechen, da das Mikrofon in dem Moment ausfällt, in dem Sie gerade zum Sprechen vor Publikum ansetzen.

Bricht Ihre Stimme? Klingt sie auf einmal grell, eng und hässlich? Fängt Ihre Stimme nach zehn Minuten an zu kratzen und Sie bekommen einen Hustenanfall, der sich nicht wieder beruhigen lässt?

All das sind weit verbreitete Symptome für ein nicht vollständig genutztes Stimmpotenzial. Wenn Sie Ihren Körper beim Sprechen nicht mitmachen lassen, kommt Ihre Stimme – vor allem, wenn sie lauter wird – aus dem Hals. Das tut dann irgendwann weh und schlägt auf die Stimme – und auch auf die Laune.

Tipp: Achtsames Lesen

Achtsamkeit bedeutet unter anderem, mit den Gedanken im Hier und Jetzt zu sein.

Beim Vorlesen sollten Sie Ihre Aufmerksamkeit ganz auf den Text legen, während Ihre Augen die nächsten Worte vorausschauend „abholen".

V Die Stimme kennenlernen

Übung Körperresonanz: Die Glocke

Diese Übung verbessert Ihre Tiefatmung, verstärkt die Körperresonanz, kräftigt die Stimme und verleiht ihr einen vollen Wohlklang.

- Stellen Sie sich vor, dass Sie eine schwingende und klingende große Glocke sind. Im Rhythmus Ihrer Bewegungen geben Sie einen Klang von sich, der sich auf Ihren gesamten Körper überträgt:
- Stellen Sie sich aufrecht hin. Sie sollten ausreichend Platz haben. Schwingen Sie Ihren Oberkörper nun mit waagrecht ausgestreckten Armen (soweit es für Sie bequem ist) nach links.
- Lassen Sie nun mit ausgestreckten Armen ein langes, summendes und klingendes *„Munung!"* ertönen. Währenddessen drehen Sie sich langsam nach rechts. Achten Sie darauf, dass das „Munung" mit dem Ende der Bewegung ausklingt. Sie sollten also mit dem „....ung" am Schluss der Drehbewegung angekommen sein. Spüren Sie schon etwas im Bauch?
- Aus diesem Schwung heraus geht es nun in die Gegenrichtung mit einem klangvollen *„Munung!"*. Und noch einmal zurück mit einem leidenschaftlich gesprochenen *„Munung!"* usw.
- Später verwenden Sie weitere tönende Vokale wie U, O, A, E, I, Ü, Ö, Ä. All das geschieht in einer aufrechten, würdigen Haltung. Bleiben Sie in der Vorstellung, eine große, alte Kirchenglocke zu sein. Benutzen Sie Ihre Lippen und genießen Sie den Klang Ihrer Stimme: (15)
„Munung munung munung ...
Monong monong monong ...
Manang manang manang ...
Meneng meneng meneng ...
Mining mining mining ...
Mününg mününg mününg ...
Mönöng mönöng mönöng ...
Mänäng mänäng mänäng ..."

© 2011 Ulrike Völger, Rechte bei der Autorin

Übung Kraftstimme 1: „Hula-Hoop"

Trainieren Sie Ihre sogenannte Kraftstimme mit Rufübungen, die den Körper mit einbeziehen.

- Stellen Sie sich aufrecht hin wie bei der Haltungsübung „Die Königin" (siehe S. 47).
- Gehen Sie nun, als hätten Sie ein langes Gewand mit Schleppe an. (Mit ein bisschen Fantasie sollte das auch für Männer kein Problem sein …) Stellen Sie sich dies wirklich vor, denn nur dann reagiert Ihr Körper entsprechend. Sie spüren die Schleppe und auch eine Kapuze oder ein wunderschönes Emblem an Ihrem Rücken. Ihr Rücken ist bei der Entwicklung Ihrer Kraftstimme sehr wichtig.
- Die Untertanen, die Ihnen begegnen, begrüßen Sie mit einem kräftigen *„Houw!"* oder *„Hey!"*, je nachdem, was für Sie angenehmer ist. Nun stellen Sie sich die Leute, die Sie begrüßen wollen, immer weiter entfernt vor und werden dementsprechend immer lauter: *„Houuuwww! Hey!"* (16)
- Jetzt werden Sie zu einem Hula-Hoop-Tänzer bzw. einer Hula-Hoop-Tänzerin, bringen den vorgestellten Hula-Hoop-Reifen um Ihre Hüften zum Schwingen und rufen dabei laut: (16)
„Huuula-Hoop, Huuula-Hoop, Hey-hop, Hey-hop!"

Ist Ihnen Ihr „Auftritt" peinlich oder haben Sie schon Spaß? Wenn Sie gelassen und präsent wirken möchten, wenn Sie Ihr Selbstbewusstsein stärken und Auftrittsängste abbauen wollen, dann versuchen Sie derartige Hemmungen zu überwinden. Wer im Spiel Freude entwickelt, wer geübt hat, sich „lächerlich" zu machen und nicht ständig über die eigene Wirkung nachdenkt oder darüber, was jetzt wohl andere denken könnten, reduziert Lampenfieber und reagiert irgendwann nicht mehr panisch auf kleine Pannen während des Sprechens.

© 2011 Ulrike Völger, Rechte bei der Autorin

V Die Stimme kennenlernen

Übung Kraftstimme 2: „Hau ruck"

In vorangegangenen Übungen waren Sie bereits Königin und Hula-Hoop-Tänzer. Jetzt werden Sie zum Hafenarbeiter.

- Stellen Sie sich vor, Sie müssten große, schwere Säcke von einem Schiff auf den Pier werfen. Sie stellen sich breitbeinig hin und bekommen jeweils einen Sack von rechts hinten. Dabei rufen Sie laut und gedehnt: *„Haaauuu ruck!"* Das „ruck" erklingt, wenn Sie „den Sack nach links vom Schiff werfen". Machen Sie dies einige Male.
- Wechseln Sie dann die Seite. Jetzt bekommen Sie die Säcke von links hinten und werfen sie nach rechts. Achten Sie darauf, dass Ihr Nacken lang und gerade ist und Sie den Kopf dabei nicht nach hinten legen. Ist Ihr Rachen offen? Stehen Sie wirklich mit gebeugten Knien, sodass Sie „gezwungen" sind, Ihre Beckenbodenmuskulatur zu nutzen?
- Mit dem K von „ruck" lösen Sie die Spannung und der Atem fällt in Ihren Körper. Sie können also gleich fortfahren, ohne extra Luft ziehen zu müssen. Falls nötig, machen Sie eine kurze Pause. Seufzen Sie die „Extra-Luft" wieder aus – und machen Sie dann weiter.
- Jetzt ersetzen Sie „Hau ruck!" durch andere kurze Sätze z. B.: (17)
  „Hoool ran!"
  „Hööör damit auf!"
  „Lass mich in Ruuuh!"
- Wenn die Stimme bricht, halten Sie inne, überprüfen Körperhaltung und Rachenöffnung und machen mit doppelt so viel Energie und Intensität weiter. Es ist verblüffend, wie stark körperliche Gesten die Stimme unterstützen können.

© 2011 Ulrike Völger, Rechte bei der Autorin

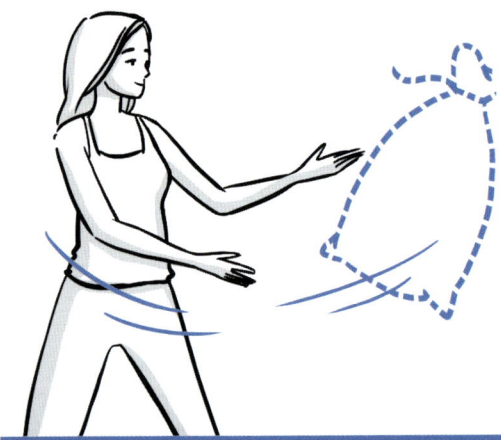

 **Kraftstimme 3: „Nein!"**

Versuchen Sie nun, das gerade Gelernte in einem sprachspielerischen Gedicht von Christian Morgenstern anzuwenden. Es trägt den Titel „Nein!" und stammt aus den „Galgenliedern".

- Sprechen Sie das Gedicht Zeile für Zeile. Stellen Sie sich wieder vor, Sie sind ein Hafenarbeiter und werfen beim Sprechen die vorgestellten Säcke auf den Pier.

© 2011 Ulrike Völger, Rechte bei der Autorin

Nein!

Pfeift der Sturm?
Keift ein Wurm?
Heulen
Eulen
hoch vom Turm?

Nein!

Es ist des Galgenstrickes
dickes
Ende, welches ächzte,
gleich als ob
im Galopp
eine müdgehetzte Mähre
nach dem nächsten Brunnen lechzte
(der vielleicht noch ferne wäre).

Christian Morgenstern

 **Kiefer-Lockerungstest**

Zum Abschluss der Übungen zur Kraftstimme machen Sie zur Entspannung den „Kiefer-Lockerungstest".

- Nehmen Sie Ihr Kinn zwischen Daumen und Zeigefinger und versuchen Sie den Kiefer mit den Fingern zu bewegen. Wenn Ihr Kiefer wirklich locker ist, lässt er dies geschehen.

Falls der Test noch nicht gelingt, ist dies nicht verwunderlich. So schwer es ist, den Nacken zu lockern, so schwer ist auch die Lockerung des Kiefers. Er führt eine Art Eigenleben und lässt sich nicht so einfach bewegen. Arbeiten Sie daran – mit Geduld können Sie die Verspannungen lösen.

©2011 Ulrike Völger, Rechte bei der Autorin

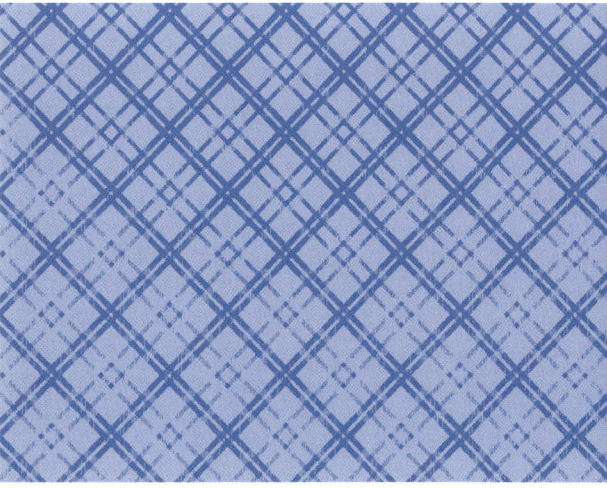

Kopf- und Bruststimme – For Ladies only?

Im Folgenden geht es um ein Thema, das vor allem Frauen und ihre Stimmen betrifft: den Unterschied zwischen Kopf- und Bruststimme.

Ähnlich einer Orgel hat unsere Stimme ein helles und ein dunkles Register. Unsere Stimme klingt voller, wenn sie aus hellen und dunklen Anteilen besteht. Unser gesamter Körper ist das Instrument, mit dem wir einen vollen Stimmklang erzeugen können. Wenn wir nicht den ganzen Körper beim Sprechen einsetzen, steht uns nur das hohe Register zur Verfügung: die Kopfstimme.

Sehr viele Frauen nutzen leider nur ihre „liebliche, weibliche" Kopfstimme und sprechen damit ohne den jederzeit möglichen vollen Klang. Ein Grund dafür mag die Erziehung und die jahrhundertelang geprägte gesellschaftliche Rolle der „schwachen" Frau in einer patriarchalischen Gesellschaft sein. Oft ist es auch nur Trägheit oder der Mangel an Vorbildern. (19) (20)

Männer haben natürlich auch eine Kopf- und eine Bruststimme, aber aus verschiedenen Gründen tritt diese Problematik bei ihnen sehr viel seltener auf.

Von Frauen hört man oft Sätze wie: „Männer versteht man einfach viel besser", „Männer können sich viel besser stimmlich durchsetzen", „Meine Stimme ist piepsig", „Meine Stimme war schon immer so, aber ich kann sie ja nicht ändern" usw.

Die gute Botschaft für alle „Ladies" ist: Sie können in jedem Alter zu Ihrer vollen Stimme gelangen. Die schlechte Botschaft ist: Es braucht Zeit und es macht viel Mühe! Alle Lockerungs-, Entspannungs-, Atem- und Stimmübungen in diesem Buch können Sie nutzen, um Ihre Bruststimme zu entwickeln. Zuvor sollten Sie aber über einige Details nachdenken:

- Haben Sie schon immer mit einer eher dünnen Stimme gesprochen oder hat irgendetwas irgendwann dazu geführt?
- Wollen Sie Ihre Stimme wirklich verändern? Oder gefällt es Ihnen eigentlich, immer ein bisschen mädchenhaft, süß oder sogar hilfsbedürftig zu wirken?
- Haben Sie vielleicht einen Partner, dem genau das an Ihnen so gut gefällt, und der dann vielleicht sagen könnte: „Wie sprichst du denn auf einmal? Du klingst ja ganz anders! Das bist ja gar nicht mehr *du*!"
- Sind Sie wirklich für die Stimmarbeit motiviert und auch bereit, diese Motivation aufrechtzuerhalten – auch dann, wenn sich längere Zeit gar nichts verändert?

Eine Stimmarbeit oder Stimmtherapie löst innere Blockaden. Das kann am Anfang schmerzhaft oder unangenehm sein – aber auch befreiend.

Machen Sie sich bewusst, dass Ihre Stimme auch Ausdruck Ihrer Persönlichkeit ist. Wenn Sie Ihre Stimme verändern, verändern Sie sich mit. Man könnte es auch „Entfaltung" nennen und die Entfaltung der Persönlichkeit ist doch etwas Schönes, oder?

In jedem Fall ist es viel Arbeit. Sie sollten sich mindestens ein halbes Jahr Zeit geben und sich vielleicht auch Unterstützung suchen, um deutliche Fortschritte zu bewirken. Aber vergessen Sie nicht: Es lohnt sich und es kann Ihr Leben positiv verändern!

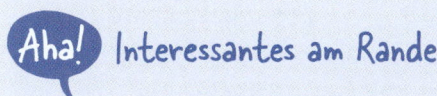 Interessantes am Rande

Achten Sie doch mal darauf, welche berühmten Sängerinnen und Filmschauspielerinnen bewusst die Kopfstimme genutzt haben, um ihre mädchenhafte Wirkung zu verstärken. Sehen (und hören) Sie sich dazu Ausschnitte im Originalton aus Filmen mit Marilyn Monroe und Audrey Hepburn an. Bis Ende der 60er-Jahre sprachen viele Frauen in Hollywood-Filmen mit einer süßen kindlichen Stimme, während ihre Filmpartner besonders „männlich" klangen.

VI Die Laute und ihre Artikulation

Leih jedem dein Ohr,
doch wenigen deine Stimme.

William Shakespeare,
englischer Dramatiker

VI. Die Laute und ihre Artikulation

Im folgenden Kapitel werden alle Laute (Vokale und Konsonanten) vorgestellt und in Zungenbrechern, Schüttelreimen, Übungsversen und Gedichten geübt. Bereiten Sie Ihre Mimik und Ihre Sprechwerkzeuge auf diesen „großen Einsatz" vor. Eingeschlafene Muskeln müssen entdeckt und geweckt werden. Ihre Mimik wird von über 60 Muskeln gesteuert. Bringen Sie diese in Bewegung, damit Sie Ihnen bei Bedarf zur Verfügung stehen.

Übung: Vorbereitung für das Training der Laute

- Schneiden Sie Grimassen! Ziehen Sie Ihre Augenbrauen hoch – erst beide, dann jede einzeln, wenn Sie dies können. Ziehen Sie die Augenbrauen über der Nasenwurzel zusammen.
- Reißen Sie die Augen auf und kneifen Sie sie zusammen.

VI Die Laute und ihre Artikulation

- Bewegen Sie Ihre Wangenmuskulatur nach oben und lassen Sie wieder locker. Ziehen Sie Ihre Mundwinkel bis zu den Ohren.
- Spitzen Sie Ihre Lippen zu einem Kussmund. Verteilen Sie Küsse an jeden Gegenstand im Raum und lassen Sie die Lippen nach jedem Kuss wieder locker.
- Öffnen Sie Ihren Mund, soweit es geht, und pressen Sie dann Ihre Lippen aufeinander.
- Noch vor den Lippen ist es vor allem unsere Zunge, die wir zum Sprechen brauchen. Die Zunge ist – wie oben beschrieben – ein Muskel. Je beweglicher, kräftiger und flexibler sie ist, umso deutlicher können Sie artikulieren. Drücken Sie Ihre Zungenspitze gegen die Mitte des Gaumens, halten Sie sie dort fest und artikulieren Sie, ohne loszulassen, den Satz: (21)
„Das ist eine wunderbare Übung!"
Die Zunge bleibt hierbei, wo sie ist, auch wenn es schwerfällt!
- Drücken Sie die Zunge nun gegen den vorderen Gaumen und wiederholen Sie den Satz. Probieren Sie verschiedenste für Ihre Zungenspitze erreichbare Stellen aus.
- Noch schwieriger wird die Übung, wenn Sie versuchen, mit der Zungenspitze ein Gummibärchen oder gar eine Erdnuss festzuhalten.

© 2011 Ulrike Völger, Rechte bei der Autorin

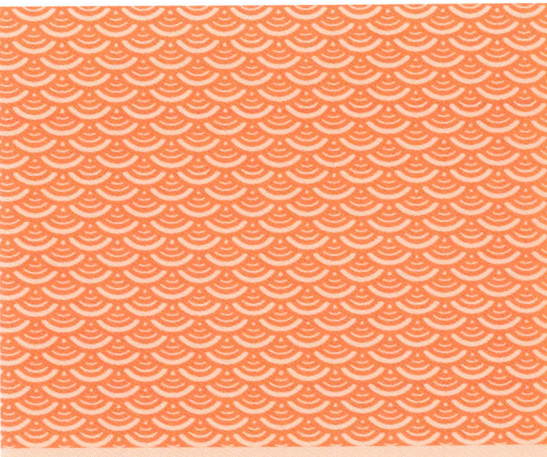

Laute, Buchstaben – Konsonanten, Vokale

Warum heißt es „Laut" und nicht Buchstabe? Ganz einfach: Buchstaben benennen *geschriebene* Zeichen. Davon gibt es in der deutschen Sprache sechsundzwanzig, dazu noch das ß und die drei Umlaute Ä, Ö und Ü.

Laute gibt es viel mehr und manchmal besteht ein Laut aus mehreren Buchstaben, z. B. SCH aus S-C-H oder NG aus N-G. Ein Buchstabe kann auch aus mehreren Lauten bestehen, z. B. X aus K-S. Oft gibt es auch unterschiedlich ausgesprochene Laute, die allerdings genau gleich geschrieben werden: z. B. CH einerseits in „ich" und andererseits in „ach" oder das säuselnde (stimmhafte) S und das zischende (stimmlose) S.

Zusammengefasst: Buchstaben bezeichnen die *geschriebene* Sprache und Laute die *gesprochene* Sprache. Nur mit Lauten können wir uns sprachlich verständigen. In der Sprache gibt es zwei Hauptarten von Lauten: Die Konsonanten und die Vokale.

 Tipp — Natürlich sprechen

Wer beim Sprechen überdeutlich artikuliert, zieht dabei automatisch Grimassen und „bremst sich dadurch beim Sprechen aus". Nur wenn Sie aus großer Entfernung oder bei Lärm zu Publikum sprechen, kann Übertreibung sinnvoll sein, um besser verstanden zu werden.

Für gutes und auch schnelles Artikulieren gilt: Ihr Unterkiefer soll sich auf und ab bewegen, Ihre Lippen liegen manchmal fest, manchmal locker aufeinander oder stülpen sich nach vorn (z. B. bei SCH, O und U). Den Rest macht Ihre Zunge in Zusammenarbeit mit den Zähnen, dem Gaumen, dem Rachen und dem Zäpfchen.

Ihre Lippen sollten sich beim Sprechen also nicht in die Breite ziehen, es sei denn, Sie lächeln.

> **Tipp** **Im Zweifel nachschauen**
>
> Im Deutschen gibt es Ausspracheregeln genauso wie Rechtschreibregeln – und nicht nur einen Rechtschreibduden, sondern auch einen Ausspracheduden. Bei Zweifelsfällen finden Sie hier Rat. Im Internet können Sie sich anhören, wie schwierige Wörter ausgesprochen werden (siehe Aussprache-Datenbanken z. B.: wiktionary.org oder youtube.de).

- Das I ist demnach ein Empfindungslaut für Verwunderung, Neugierde, vielfach Ausdruck des Naiven.
- Das A steht für freudiges Erstaunen, Bewunderung, behagliches Empfinden, Zustimmung, Bejahung.
- Das U ist Ausdruck des Unbehagens oder des verhaltenen Schmerzes. Es steht für Stöhnen, Angst und Furcht.

Die Vokale

Wenn Sie besser und vor allem klangvoller sprechen möchten, können Sie sich gar nicht genug mit den Vokalen beschäftigen.

Vokale sind sogenannte Selbstlaute, also immer stimmhaft. Die deutsche Sprache ist eine der vokalreichsten Sprachen der Welt. Die Vokale haben verschiedene Formen, z. B. kurz, lang, offen und geschlossen. Hinzu kommen noch EI, AU und EU, die sogenannten Diphthonge.

In seinem Buch für Sprecherziehung „Der kleine Hey" stellt Julius Hey einen Zusammenhang zwischen den ursprünglichen „Empfindungslauten" des Menschen und den Vokalen I, A und U her:

Die Vokale

 Kurz oder lang?

Hier einige typische Beispiele für die unterschiedlichen Klänge der Vokale. Sprechen Sie die folgenden Worte einfach einmal aus, dann werden Sie erkennen, welche lang und welche kurz gesprochen werden: ㉒

I: Wiese – Wissen, gib – Gips
E: Esel – Essen, Ehe – Herz, nehmen – Herbst, Leben – Nerz
A: Rabe – Krabbe, Kamm – kam
O: Ofen – offen, oben – Otto
U: Ruhe – Russen, Ufer – unten
Ä: Käfer – lässig
Ö: König – köstlich
Ü: Kühler – Kümmel

Wenn Sie Zunge und Lippen zu wenig bewegen und die Vokale nur schwach unterschieden werden, verliert Ihre Sprechweise an Klangfülle, Ausdruckskraft und Differenzierungsmöglichkeiten.

Welcher Vokal lässt sich am leichtesten und natürlichsten bilden? Es ist der Vokal, den schon die Babys beherrschen, das A: „Mama, Papa, yamm, yamm …" Das A gilt als neutral und wird mit dem geringsten Kraft- und Bewegungsaufwand gesprochen.

Um den Klang aller anderen Vokallaute zu erzeugen, müssen Mund, Zunge und Lippen zumindest etwas bewegt werden. Die folgende Übersicht zeigt, wie die Vokale organisch zusammenhängen:

hell	neutral	dunkel
I → E → Ä	→ A →	O → Ö → Ü → U
AI – EI	AU	ÄU – EU

Die Vokale I – E – Ä gehören zum helleren Bereich, das A zum neutralen und O – Ö – Ü – U zum dunkleren Bereich.

Die Doppellaute AI und EI zählen zum hellen, AU zum neutralen Bereich. Alle drei beginnen gesprochen mit einem hörbaren A. ÄU und EU zählen zu den dunklen Lauten und werden OE ausgesprochen. Auf keinen Fall sollte es nach OI klingen.

Holen Sie nun etwas Luft und lassen Sie alle Vokale auf einem Atem und ohne abzusetzen in dieser Reihenfolge erklingen: „I – E – Ä – A – O – Ö – Ü – U." ㉓

VI Die Laute und ihre Artikulation

Zur Bildung des I sind die Lippen locker, der Mund wird nicht breit gezogen. Die Lippenstellung ist fast dieselbe wie beim E. Der Unterkiefer (das Kinn) sollte locker fallen (siehe S. 88).

Man unterscheidet zwischen dem langen geschlossenen I (wie in „vier", „vielleicht", „Nische", „mies", „Wiesbaden") und dem kurzen, offenen I (wie in „Viertel", „Tipp", „Wissen", „Distel").

Beim geschlossenen I ist der Mund kaum geöffnet. Beim offenen I passt die Kuppe Ihres kleinen Fingers zwischen die Zähne. Der Zungenrücken wölbt sich hoch, sodass die Zungenränder gegen die Backenzähne drücken und das I sozusagen durch die Rinne in der Mitte rutscht. Die Zungenspitze hat dabei Kontakt mit der unteren Zahnreihe.

Das I ist dem Reibelaut CH nahe, das heißt: Bei der Bildung beider Laute sind Mund-, Lippen- und Zungenstellung ähnlich wie in „gleich", „weich", „riechen" usw.

Sinnvolle Sinnlosigkeiten

Sie verstehen die Übungsgedichte aus „Der kleine Hey – Die Kunst des Sprechens" nicht immer? Das macht nichts. Mantras geben meist auch keinen erkennbaren Sinn wieder. – Genießen Sie einfach diese kleinen Spaziergänge durch das Antiquariat deutscher Sprechkultur. Wenn auch oftmals belächelt ist das hundertjährige Werk von Julius Hey auch heute noch eine „Schatztruhe" für Sprechübungen.

Hier eine gute Übung zum I aus dem „Kleinen Hey": 24

Spitzfindig ist die Liebe!
Sie minnt nicht immer blindlings;
Wie sie sich listig zieret,
Wirkt sie mit Witz nicht minder.
Ihr tiefes Inn're liebt nicht,
Will sich nicht blindlings irren,
Wird sie mit ihrer Liebe
Sich schließlich nicht verwirren?

Julius Hey

Die Vokale

Sagen Sie nun einmal folgenden Satz: *„Gib mal her! Das gibt's doch nicht!"* Sprechen Sie „Gib" kurz? Das ist nicht ganz richtig. Hier ein Übungssatz, um zu lernen, das I in „Gib" lang zu sprechen: „Giiieeeb!" Bei „Gips" ist das I selbstverständlich kurz. ㉕

Gemischten Gips gibt´s in der irren Gipsfabrik, doch im Gebirge gibt´s wirklichen Gips.

• •

Wenn I zu Ü wird

Sagen Sie: „Verwirrung" oder „Verwürrung"? „Mischung" oder „Müschung"? „Wirtschaft" oder „Würtschaft"? „Gebirge" oder „Gebürge"? – Kennen Sie es, wenn aus Ihrem I ein Ü wird? Das Wort „Milch" klingt dann auch schnell nach „Mülch" oder womöglich sogar nach „Mülsch". ㉖

Versuchen Sie, die Lippen nicht zu früh für das SCH nach vorn zu schieben. Da das I an genau der gleichen Stelle gebildet wird wie das CH, sagen Sie noch einmal „ich" und achten Sie auf Ihre Zungenstellung.

Besonders schwierig ist es, ein sauberes I direkt vor einem SCH zu artikulieren. Die Lippen stülpen sich schon vorher für das SCH nach vorn, die Zunge liegt faul im Mund und schon klingt es nach „Tüsch" oder „Wüschlappen".

Üben Sie den folgenden Satz zuerst in langsamem Tempo und dann ein bisschen schneller:

Mischwasserfischer heißen Mischwasserfischer, weil Mischwasserfischer im Mischwasser Mischwasserfische fischen.

• •

Sprechen Sie nun laut diesen beliebten Klassiker: ㉗

Fischers Fritz fischt frische Fische, frische Fische fischt Fischers Fritz.

Und nicht etwa: „Füschers Frütz füscht früsche Füsche …" Oder gar: „Früschers Fütz früscht früsche Fische, füsche Früsche früscht Früschers Fütz."

Die Schwierigkeit liegt hier auch noch bei dem unangenehm platzierten R: Mal kommt ein R vor und mal nicht. Nehmen Sie sich beim Sprechen dieses Satzes einmal auf und hören Sie, ob es Ihnen gelingt.

• •

VI Die Laute und ihre Artikulation

Beim E ist der hintere Zungenrücken nach oben gewölbt, die Zungenspitze liegt an den unteren Schneidezähnen. Der Mund ist nicht so weit geöffnet wie beim A (siehe S. 91). Versuchen Sie zu vermeiden, die Mundwinkel in die Breite zu ziehen. Das gilt eigentlich für jeden Laut, aber beim E ist die Wirkung besonders unangenehm.

Probieren Sie dies einmal aus: Ziehen Sie Ihre Lippen richtig stark in die Breite. Schauen Sie beim Breitziehen in den Spiegel. Jetzt sagen Sie laut: „E." Es klingt gequetscht und eng, vielleicht auch ein bisschen quäkig. Merken Sie, wie dieser Breitzug (so nennt man dies im Fachjargon) Ihren ganzen Hals verspannt? Wenn der Hals verspannt ist, ist es auch der Kehlkopf.

Da das E in der deutschen Sprache extrem häufig vorkommt, sollten Sie sich genau damit beschäftigen. Es gibt

- das lange geschlossene E wie in „Segen",
- das kurze offene E wie in „Kessel" und
- das fast gemurmelte E, den sogenannten Schwa-Laut, in vielen Vor-, Neben- oder Endsilben, wie z. B. in „geholt", „glaubend", „Schotte".

Wenn ein Wort mit einem Vokal beginnt, wird im Deutschen nicht übergebunden. Umgangssprachlich ist eine Verbindung der Wörter oft zu hören. Wenn Sie aber sauber sprechen möchten und nicht zu lässig wirken wollen, sollten Sie sich an diese Regel halten.

Das männliche Personalpronomen „er" wird mit einem sogenannten langen, geschlossenen E gesprochen: also nicht „äär". Wenn es nicht mit weiteren Worten in einem Satz vorkommt, ist das für Sie wahrscheinlich kein Problem.

Wenn „er" aber mitten im Satz auftaucht, kann es schnell undeutlich werden: Aus „Das hat er ja so nicht gemeint" wird ein „Das hatter ja so nicht gemeint". Oder aus „Was will er denn?" wird ein unerwünschtes, zusammengebundenes „Was willer denn?".

Sprechen Sie die Worte im folgenden Spruch nicht zusammengezogen („Oberaber..."), sondern gut getrennt:

Die Vokale

(28)

*Ob er aber über Oberammergau
oder aber über Unterammergau
oder aber überhaupt nicht kommt,
ist nicht gewiss.*

• •

Die nächsten Übungssätze beinhalten gleichlautende Verben, deren Sinn sich wandelt, je nachdem ob das Personalpronomen „er" davorsteht oder die Verben mit der Vorsilbe „er" (hier ist das E kurz und offen) verbunden sind. Ein falsch ausgesprochener Vokal kann hier Ihre Aussage komplett verändern. (29)

*Für die Probefahrt **erhält er** den Autoschlüssel. **Er hält** den Autoschlüssel in der rechten Hand. Ein Lächeln **erhellt** sein Gesicht.*

• •

Noch schwerer ist das „er" in dieser Kombination sauber auszusprechen: (29)

*Er hat vieles **erlebt** – **er lebte** eben sein Leben.*

***Er hört** voll Freude ihre Antwort. Endlich hat sie ihn **erhört**.*

*Den ganzen Sonntag **ergeht** er sich im Park. **Er geht** spazieren, das ist seine Lieblingsbeschäftigung.*

*Er ringt mit den Worten und bringt sie kaum über die Lippen. Schließlich **erringt** er den Sieg über sich und entschuldigt sich für seine Grobheit.*

*Er tränkt die Pferde, es war ein heißer Tag. Die Sorge um seine Frau hat er im Schnaps **ertränkt**.*

*Er kämpft um sein Leben. Sie haben den Sieg **erkämpft**.*

*Er säuft wie ein Loch. Den ganzen Kummer über sein Leben hat **er ersäuft**.*

• •

Auch in dieser Lebensregel häufen sich verschiedene E-Laute:

Das Leben gern zu leben, musst du darüber stehn! Drum lerne dich erheben. Drum lerne abwärts sehn! (...)

Friedrich Nietzsche

VI Die Laute und ihre Artikulation

Tipp: Textmarkierung

Machen Sie sich in einem Text, den Sie sprechen wollen, zur Übung jeweils unterschiedliche Zeichen über das E, um zu markieren, welches E wie gesprochen wird. Das ist am Anfang eine gute Hilfe.

Hier einige Beispiele aus dem „Kleinen Hey" für die Kennzeichnung der verschiedenen Klangfarben des E: (30)

Ès strében dér Séele Gebéte
Dén hèlfenden Èngeln entgégen;
Èntdèckend dès Hèrzens Wéhè,
Wènn Schmèrzen ès brènnènd verzéhren!

Wènn dér Rébe rèchter Ségen
Jéde Séele méhr èrréget,
Wérde édel, sèlbstvergèssen,
Schnèller jédes Hèrz bewéget!
Dènn dér héhren Lébensquèlle,
Welche Édle stéts belébt,
Wérden Rében Ségen gében –
Sèlbst dér Mènschen Wéh èntschwébt.

Schnéebedèckte, feste Érde –
Lènzgewèckte érste Hérde!
Céres! Ségenspèndende –
Ew'ge, Vèrdèrbenwèndende!
Sènde dén Wèst dém Méere èntgégen,
Spènde dér Érde schwèllenden Ségen,
Lèchzender Hérde dén quèllenden Régen!

Julius Hey

Die Vokale

Das A verlangt die weiteste Mundöffnung. Der Unterkiefer sollte locker fallen. Ihr Daumen – hochkant gestellt – sollte in die Mundöffnung passen. Beim offenen, kurzen A öffnet sich der Mund noch etwas weiter als beim langen A. Die Zungenspitze liegt wie bei allen Vokalen locker an der unteren Zahnreihe. Das ist beim A besonders wichtig, damit der Klang nicht nach hinten rutscht.

Hier einige beliebte Verse zum A aus dem „Kleinen Hey": 31

Barbara saß nah am Abhang,
Sprach gar sangbar –
zaghaft langsam;
Mannhaft kam alsdann am Waldrand
Abraham a Sancta Clara!

Was hallt am Waldbach da?
Jagdklang schallt nah: Trara!

Nah dem Hage Tannen schwanken,
Alles strahlet Abendprangen;
Klagend sang der alte Barde,
Dass der Waldesrand es hallte!
Knaben kamen da gegangen,
Sangen Psalmen, Banner tragend –
Manchen prangt der Kranz am Arme.
Alle waren arme Waller,
Rasten lange nah dem Walde.

Julius Hey

O

Klanglich steht das O zwischen dem U und dem A. Formen Sie für das O einen „Kussmund". Öffnen Sie nun Ihre Lippen ein wenig, bis eine stabile Rundung entsteht und es genau wie ein O aussieht. Die Zunge ruht dabei flach auf dem Mundboden. Geben Sie beim Sprechen etwas Atemluft dazu.

Ihre Lippen müssen diese Muskelbewegung erst trainieren. Wenn Sie dies nicht gewöhnt sind, fühlt es sich zunächst unnatürlich an.

Die verschiedenen Lautformen des O bilden Sie durch eine unterschiedlich starke Öffnung der Lippen. Hier jeweils einige Beispielwörter:

Das geschlossene O:

Ton, Thron, Mond, schon, Sohn,
Zone, Dom, Rom, Strom, Ohm,
wohl, Idol, Moos, Pol, Kohl, Sohle,
vor, empor, Tor, erkor, Rohr,
roden, Boden, Not, Brot, Schlot,
Lob, oben, toben, schob,
Woge, gewogen, log, zog, betrog,
Rose, tosen, bloß,
Hof, Ofen, Zofe usw.

Die Vokale

Das halbgeschlossene O:

Wonne, Sonne, Tonne, geronnen, gewonnen, Sommer, fromm, komm, geschwommen, voll, soll, erscholl, Wolle, trollen, verdorren, verworren, knorrig, Horror, Zorn, Korn, Dorn, vorne, polnisch, Schorf, Morgen, borgen usw.

Das offene O:

sonst, umsonst, gesonnt, gekonnt, kommt, Holz, Bolzen, geholzt, gebolzt, sollt, gewollt, schmollt, zollst, tollst, Ort, Wort, dort, Storch, Forst, erforscht, Kork usw.

Noch offener klingt das O in Worten wie: *Ross, Spross, offen, besoffen, Galopp, hopp.*

Übrigens wird das französische Wort „Toilette" im Deutschen „Toalette" ausgesprochen. Und last, but not least: Es heißt tatsächlich „Sport" und nicht „Spocht"!

Lesen Sie das folgende Gedicht von Ernst Jandl laut vor: (32)

ottos mops

ottos mops trotzt
otto: fort mops, fort
ottos mops hopst fort
otto: soso
otto holt koks
otto holt obst
otto horcht
otto: mops mops
otto hofft
ottos mops klopft
otto: komm mops komm
ottos mops kommt
ottos mops kotzt
otto: ogottogott

Ernst Jandl

Werke in 6 Bänden (Neuausgabe), hrsg. von Klaus Siblewski
©2016 Luchterhand Literaturverlag, München,
in der Verlagsgruppe Random House GmbH

VI Die Laute und ihre Artikulation

Die nächsten Übungen zum O sind liebenswerte Klassiker aus dem „Kleinen Hey":

*Oben thront der Nonnen Kloster.
Voll von Trost, voll hoher Wonne
Wohnen dorten fromme Nonnen,
Loben Gott vor Morgenrot.*

*O Sonne, thronst so wolkenlos!
Schon flog der Vogel hoch empor.
Wohl knospen Rosen schon, wo Moos –
So kommt der holde Sommerflor.
O wonnevoll – ohn' Sorg', ohn' Not,
Ob Sonne loht – ob Donner droht,
Dort oben hoch, wo Morgenrot
Gott loben fromm, schon vor dem Tod!*

*Polternd tobet Donners Rollen,
Sollte Gott wohl zornvoll grollen?
Opfertod! o wolle kommen,
Noch lohnt Gottes Sohn
Hoch vom Wolkenthron,
Sorg' und Not, o Trost der Frommen! –*

*Trostarm kommt am Sonntag Dora;
Klopft dann froh, da Wolfgang fort war.
Doch was log – bald schroff, bald wortkarg –
Flora sorgsam, doch gar boshaft? –
„Wolfgang floh zwar, doch war todkrank!"*

Julius Hey

● ●

Das U ist der dunkelste Vokal. Beim U liegt die Zunge locker auf dem Mundboden. Die Lippen sind wie beim O vorgestülpt, aber der Unterkiefer öffnet sich so, dass Ihr kleiner Finger zwischen Ihre Zähne passt.

Fast jeder Dialekt bzw. jede Mundart verbiegt zu allererst die Vokale. Das kann durchaus charmant und persönlich sein. Beim Laut U „blühen" die Unterschiede im Klang je nach Region geradezu – insbesondere in der Verbindung mit einem nachfolgenden R:

In Niedersachsen (Hannover) zum Beispiel wird die „Burg auf dem Berg" zur „Buaag auf dem Beaag". In Sachsen klingt es „Buog auf dem Beog" und im Rhein-Main-Gebiet gibt es alternativ die „Buääg uff´m Beeääg".

Die Vokale

Üben Sie das U mit diesem Vers: (34)

Unter dunklen Uferulmen
Wurdest du – (durch Blut und Wunden
Ungefurcht und unbesudelt) –
Ruhmlos ruhend nun gefunden.
Unten fuhr durch blum´ge Fluren,
Lustvoll, munter, mutdurchdrungen,
Uns´rer Jugend Blum´ und Muster,
Zukunftstrunken – ruhmumschlungen!
Musstest du nun ruhn, um stumpf
Uns´res Unmuts Sturm zu rufen?
Du – des Ungunst Mut uns schuf,
Und uns trug zu Ruhmes Stufen! …

Julius Hey

Wenn sich O und U begegnen

Dass in einem Gedicht nur ein oder zwei Vokale vorkommen, ist relativ selten. Bei Ernst Jandl kommt es allerdings ab und zu vor. In dem folgenden Gedicht „wanderung" geht es um das kurze U und das offene O. Konsonanten gibt es nur wenige. Mit den scheinbar zusammenhanglosen Worten wird eine ganze Geschichte erzählt. Achten Sie darauf, dass sich O und U überall deutlich hörbar unterscheiden. (35)

wanderung

vom vom zum zum
vom zum zum vom
von vom zu vom
vom vom zum zum
von zum zu zum
vom zum zum vom
vom vom zum zum
und zurück

Ernst Jandl

Werke in 6 Bänden (Neuausgabe), hrsg. von Klaus Siblewski
©2016 Luchterhand Literaturverlag, München,
in der Verlagsgruppe Random House GmbH

Beachten Sie folgende Besonderheit: Die Verbindung von O und U spricht man im Französischen wie U – das gilt auch für das Deutsche. Folglich wird OU in Worten wie „Journal" und „Ouvertüre" wie U gesprochen.

VI Die Laute und ihre Artikulation

Wenn sich I und U begegnen

Dieses Gedicht ist eine gute Übung für I und U – den hellsten und den dunkelsten Vokal. Es erklärt sich selbst: (36)

Ein steiles i, ein tiefes u,
das gibt dem Sprecher Fried' und Ruh'.
Das i soll strahlen gleich dem Licht,
dem u liegt solch ein Strahlen nicht.

Stumm kann es im Grunde ruh'n,
wo sein Ursprung ist zu suchen.
Dort hat's mit Verdruss zu tun.
Jubel duldet's und Verfluchen.

Schuldbewusst geht's auf die Flucht
und verbirgt sich in der Schlucht.
Dort zieht es Luft mit seiner Lunge
und blubbert u mit Blubberzunge.

Rundum stumm stellt sich's dumm.
Glubscht und bullert, hustet,
unkt und jubelt, prustet.

Verdruckst sich bald im Dunkeln
Und dort beginnt's zu funkeln.
Im Dunkeln ist gut munkeln.

© Hans Rasch

Ein im Deutschen oft vernachlässigter Laut ist das lange Ä, wie in „Mädchen", im Gegensatz zum kurzen Ä wie in „Schätze".

Fälschlicherweise wird „Mädchen" oft wie „Medchen" ausgesprochen. Auch heißt es „Bär" und nicht „Ber". (Bei „Erz" und „Herz" hingegen wird das E wie Ä ausgesprochen.)

Sagen Sie nun laut folgenden Kinderreim auf:

Miese mause Kätzchen,
wie weich sind deine Tätzchen!
Wie zierlich ist dein Näschen,
wie lustig deine Späßchen.

Haben Sie bemerkt, dass sich die ersten beiden Ä-Laute von den letzten beiden unterscheiden? Die ersten beiden werden kurz gesprochen, die letzten beiden lang.

Die Vokale

Die Ä-Laute in folgendem Satz werden alle lang gesprochen: (37)

Mädchen, du kommst zu spät mit der Säge. Während du getrödelt hast, hat der Jäger die Häschen geholt, für die Zähne seiner Bären.

In den nächsten Übungssätzen können Sie Ihre Konzentration trainieren und überprüfen, ob Sie wirklich beim Sprechen mitdenken („Sprechdenken"). Sie brauchen dazu allerdings mindestens einen Übungspartner. Probieren Sie es einmal aus, wenn Sie mit Freunden zusammensitzen: (38)

Grubengräber graben Gruben, Grabengräber graben Gräben, Grabgräber graben Gräber.

Machen Sie sich die Unterschiede klar. Was sind Gruben, was sind Gräben und was sind Gräber? Wenn Sie eine genaue Vorstellung haben, geht es viel leichter.

Jetzt spielen Sie ein Frage- und Antwortspiel und wechseln sich dabei immer ab:

Frage:
Graben Grubengräber Gräben?

Antwort:
Nein! Grubengräber graben keine Gräben! Grabengräber graben Gräben! Grubengräber graben Gruben!

Ein weiteres Beispiel:

Frage:
Graben Grabgräber Gräben?

Antwort:
Nein! Grabgräber graben keine Gräben! Grabengräber graben Gräben, Grabgräber graben Gräber!

© 2011 Ulrike Völger, Rechte bei der Autorin

VI Die Laute und ihre Artikulation

Das Ö ist ein Mischlaut zwischen seinem Stammlaut O und dem E. Sie finden ihn am besten, indem Sie – ohne abzusetzen – einen Bogen sprechen: Beginnen Sie mit einem hellen E (wie in „Ehe") und wandern Sie zum O hin: „Eeee-Öööö-Oooo". Sie können auch die Lippen zum O formen und das Ö sprechen. Dann hebt sich Ihre Zungenspitze bei gleicher Lippenstellung – und wandert nach vorn in Richtung Lippen.

Wie bei den Lauten E und O gibt es unterschiedliche Klangschattierungen: Das geschlossene Ö wie in „Öl" oder „Möhre" und das offene Ö wie in „Hölle", „Böcke", „plötzlich".

Üben Sie das Ö mit diesem Vers aus dem „Kleinen Hey": 39

Wer höhnt roh, wer stört so
Des Mönchs Wort?
Den schnöd Gold betört hold,
Der stört dort des Mönchs Wort! –

Klöster krönen öde Höhen;
Hör' der Mönche Chöre tönen:
„Göttlich schön erlöst Versöhnen,
Böse mögen´s schnöd verhöhnen ..."

Julius Hey

Die Vokale

Das Ü bildet den Übergang von seinem Stammlaut U zum hellsten Vokal I.

Sprechen Sie ein U und wandern Sie in einem Bogen zum I: „Uuuu-Üüüü-Iiii."

Zungenlage und Lippenform sind wie beim Ö. Nur die Lippenöffnung sollte sich dabei so verkleinern, dass eine spitze Schnute entsteht. Dadurch wird der Klangstrom verengt und ein Ü entsteht. Machen Sie sich diesen feinen, aber hörbaren Unterschied zwischen Ö und Ü bewusst! Achtung: Oft wird aus einem I schnell mal ein Ü (siehe S. 87).

Das Ü kommt in unserer Sprache häufig vor:

Grund – Gründe
Hund – Hündchen
Wut – wüten
Glut – glühen
Bund – verbünden

Auch das Ü hat unterschiedliche Schattierungen. Es gibt das kurze Ü wie in „Gelübte", „gebürtig", „Lüste", „nüchtern" und das lange Ü wie in „Übung", „hüsteln", „Nüstern", „düster".

Im Folgenden ein Übungsvers für das Ü aus dem „Kleinen Hey": 40

Über der Wüste düstere Gründe
Führet die zürnenden Brüder vorüber;
Schüsse grüßen herüber, hinüber,
Künden die Führer der dürstenden Züge.
Sündiges Wüten, mit Flüchen verbündet,
Kürzen – wie trüg'risch – die Mühen der Wüste;
Drüben erst grüßen sie Frühlingslüfte,
Küssen trüb flüsternd die Düfte der Blüten!

Julius Hey

Die Diphthonge

„Diphthong" kommt aus dem Griechischen und heißt nichts anderes als „Zweilaut". Es bezeichnet also die Laute, die aus zwei Vokalen bestehen: die Doppellaute. Wie leider so häufig im Deutschen werden auch die Doppellaute nicht genau so gesprochen, wie sie geschrieben werden.

Buchstäblich genommen würde man EI wie EJ aussprechen. Man spricht aber ein offenes A und ein geschlossenes E, also: AE, kein I. Das A hat darin den Hauptanteil. Das E ist nur sehr kurz.

Viele versuchen, sauber und gut zu sprechen, indem sie auf das A ein I folgen lassen, also „laise", „haiser", „kainer", „Rais". Versuchen Sie dies möglichst zu vermeiden. EI und AI werden wie AE gesprochen. Sprechen Sie noch einmal: „leise", „heiser", „keiner", „Reis".

In manchen Worten wird der Diphthong EI sogar mit AI geschrieben, wie zum Beispiel in „verwaist" oder „Kaiser". In der Aussprache macht das keinen Unterschied! Achtung aber bei Eigennamen, z. B. „Aida".

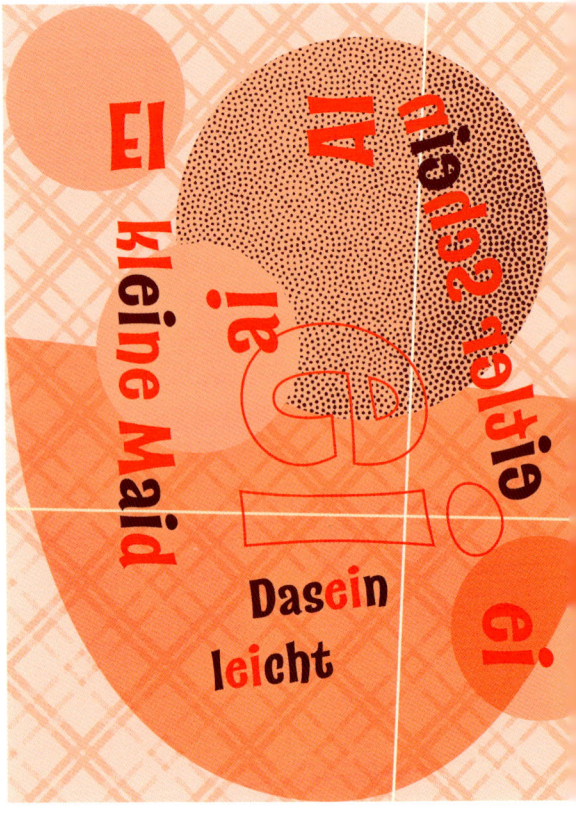

Das folgende Übungsgedicht von Julius Hey eignet sich gut zum Training des Diphthongs EI: 41

Mein Meister freit ein reizend Weib.
Er meint, es sei ein Zeitvertreib!
Allein, was treibt die kleine Maid,
Den Greis zu frein in Eiligkeit?
Meint sie, beim Greis sei's Dasein leicht,
Wenngleich sich keine Gleichheit zeigt?
Ei, kleine Maid, leicht eilt die Zeit!
Dein eilig Frei'n bei eitlem Schein
Wird eine Pein, ein Leid einst sein! –

Julius Hey

Die Vokale

Auch EU und ÄU werden gleich ausgesprochen. Das EU spricht man natürlich nicht wie die Abkürzung für die Europäische Union, sondern wie ein offenes O (wie in „Wort"), gefolgt von einem geschlossenen E (wie in „Ehe"): O – E, OE. Sie kennen das EU aus: „Leute", „heute", „Meute" oder „scheu".

Üben Sie mit diesen Gedichten: (42)

Was bedeutet heut` Geläute? –
Däucht es euch wohl Feuersleuchten?!
Leute! Schleunig beugt doch Schläuche,
Feucht durchträufelnd Scheunenräume! –
Häuser, Bäume, Scheunen, Zäune,
Kräuselt heulend leuchtend Feuer!
Scheu dort läuft schon eure Meute,
Bäumt sich, träumt von neuer Beute!

Heulsturm dräuend beuget Bäume,
Streut das Heu, verscheucht die Leute!

Julius Hey

Das AU enthält in der korrekten Aussprache ein offenes A (wie in „Anton") und ein geschlossenes O (wie in „Ofen"): A – O, AO. Es heißt also nicht „Auuto", „Lauutstärke", „Kauufhaus" sondern: „Auto", „Lautstärke", „Kaufhaus".

Training der Diphthonge EI, EU, AU

Üben Sie die beiden Vokale in den Doppellauten erst einzeln:
„A – E, A – E, A – E
O – E, O – E, O – E
A – O, A – O, A – O"

Dann immer dichter aneinander:
„A-E …, O-E …, A-O … "

Und schließlich ganz miteinander verbunden:
„EI, EU, AU."

VI Die Laute und ihre Artikulation

Training der Diphthonge AU und EU

Mit dem folgenden Gedicht „Kleines Frauenlob" von Friedrich Rückert (Dichter, Orientalist, Übersetzer, 1788–1866) können Sie AU und EU üben. In vielen seiner Gedichte spielt F. Rückert mit der Sprache.

Lassen Sie sich nicht von der altmodischen Ausdrucksweise irritieren. Versuchen Sie den Inhalt über das Wortspiel auszudrücken. Aus dem Begriff „getraut werden", also „heiraten" oder „verheiratet werden" hat der Dichter in seinen Versen „gefraut werden" gemacht.

Kleines Frauenlob

Frauen sind genannt vom Freuen,
Weil sich freuen kann kein Mann
Ohn' ein Weib, das stets von Neuem
Seel' und Leib erfreuen kann.
Wohlgefraut ist wohlgefreuet,
Ungefreut ist ungefraut;
Wer der Frauen Auge scheuet,
Hat die Freude nie geschaut.
Wie erfreulich, wo so fraulich
Eine Frau gebärdet sich,
So getreulich und so traulich,
Wie sich eine schmiegt an mich.

Friedrich Rückert

Die Konsonanten

Die Konsonanten sind Laute, die dadurch entstehen, dass die Atemluft beim Sprechen einen Widerstand entgegengesetzt bekommt: von der Zunge, den Lippen und den Zähnen. Es sind Geräusche, die wir beim Sprechen machen.

In einem Orchester würden die Konsonanten zur Rhythmusgruppe gehören, so wie Schlagzeug und Bass. Sie machen die „Musik der Sprache" lebendig, geben ihr eine erkennbare Struktur, wie z. B. in den Wörtern „Boiiing", „Klack" und „Tock, tock".

Erst mit den Konsonanten wird Sprache konkretisiert, durch sie wird deutlich, worum es inhaltlich geht. Konsonanten lassen in erster Linie die Information, die in einem Wort steckt, erkennen, während die Vokale als „Töne" eher Stimmungen vermitteln.

Es gibt drei Konsonantengruppen: Die Klinger, die Reibelaute und die Verschlusslaute.

Klinger:
L, N, NG, M, R, stimmhaftes S, W, J
Diese Laute benötigen den Klang der Stimme. Im Gegensatz zu den Vokalen spielen hier aber auch Zunge, Lippen und der Gaumen mit.

Reibelaute:
stimmloses S, Z, CH, SCH, F
Diese Laute säuseln, zischen, rauschen und machen Windgeräusche, ganz ohne Beteiligung der Stimme.

Verschluss- oder Explosivlaute:
B, P, G, K, D, T
Bei diesen Lauten staut sich kurz die Atemluft an einem Widerstand im Mund, um dann „explosionsartig" zu entweichen. Hier „knallt" es deutlich hörbar – ganz ohne den Klang der Stimme, aber mit Gaumen, Zunge und Lippen.

Einige Konsonanten wurden bisher nicht genannt, z. B. das H, das V und das X:

Das H entsteht einfach nur durch das Geräusch des Ausatmens durch den Mund.

Das V wird unterschiedlich ausgesprochen: In „Eva", „Vogel" oder „naiv" klingt es wie ein F, in „Vase", Vision" oder „evangelisch" wird der Laut jedoch zu einem W.

Das X ist ein Mischlaut aus I, K und einem scharfen (!) stimmlosen S (siehe Zungenbrecher S. 134f.).

Übung: Verbindungen von klingenden Konsonanten und Vokalen

In der folgenden Übung spielen mit: Die Klinger M, N, L, W, S, J und R sowie die Vokale O, U, E und das I.

- Halten Sie den klingenden Konsonanten am Anfang jeder Silbe ca. zwei Sekunden lang, bevor der Vokal (O, U, I, E oder I) weich anschließt. Also: Der Klinger darf klingen und „schmuggelt" heimlich den angeschlossenen Vokal ein.
- Beginnen Sie den ersten Übungslauf mit dem Vokal O und dem Klinger M davor. Ihre Stimme sollte bei jeder Vokalvariante in einem längeren Bogen nach unten gehen:
„Mmm...ooo" (Dabei klingt das O wie in „Mond".)
Mit N: „Nnn...ooo"
Mit einem leicht geschnalzten L: „Lll...ooo"
Mit einem samtweichen W: „Www...ooo"
Mit einem J (das viel schöner klingt, wenn es mit einem kaum hörbaren „i" beginnt): „iJ...ooo"
Mit einem kräftigen, gegurgelt-rasselnden R: „Rrr...ooo"

- Wenn Sie nun diese Klinger mit den anderen Vokalen (U, E, I usw.) in derselben Reihenfolge durchspielen, sollen die Vokale immer rein klingen, also: Ein I bleibt ein I und wird nicht zum Ü. Ein E soll wie in dem Wort „Ehe" klingen und nicht wie ein Ä (z. B. in „Herbst") usw.

- Lassen Sie das O auch mal kurz und offen erklingen, wie in „Ort": „Mmmo!", „Nnno!" usw. Das gilt für alle Vokale. Achten Sie darauf, dass Ihre Stimme an allen Silbenenden nach unten geht – wie beim Pfeifton einer Feuerwerksrakete oder wenn der Schleudervorgang Ihrer Waschmaschine zu Ende geht. Hoch geht Ihre Stimme möglicherweise sowieso – ohne dass Sie es merken.

Sinn dieser Übung ist es, die Tonschwingung zu hören und zu spüren, die durch die Kombination von klingenden Konsonanten und Vokalen in Ihrem Brust- und Kopfraum entsteht. Wenn Sie meinen, dass Ihre Stimme zu hoch ist, können Sie diese tieferen Resonanztöne beim Sprechen nutzen. Die Stimme gewinnt so insgesamt „automatisch" einen tieferen Klang.

Die Konsonanten

Die Klinger

Das L bezeichnet man als Klinger, weil die Stimme „erklingt", wenn man es richtig spricht. Für ein gut artikuliertes L brauchen Sie eine geübte Zunge. Die Zungenspitze liegt dabei an dem sogenannten Zahndamm, dem kleinen Stück harter Gaumen, das sofort hinter den oberen Schneidezähnen beginnt. Beim N liegt die Zunge ebenfalls dort. Der Unterschied besteht darin, dass beim L die Luft durch den Mund, beim N jedoch durch die Nase geht.

Der folgende Zungenbrecher mit L und N macht es schwer, das L richtig „unterzubringen", da es mal vorkommt und mal nicht.

Esel essen Nesseln nicht,
nein Nesseln essen Esel nicht.

Eine weitere Übung zu L und N von Julius Hey: ㊸

Lang lauscht Lilli –
endlich lieblos lächelnd
Lallt sie leise:
„Lautlos Lallas, log dein Loblied! –
Lebe, liebe, leidlich löblich!
Lisple, lieblich, Liebeslallen;
Lächeln ließ mich längst solch
Liebleids Langweil!"

Julius Hey

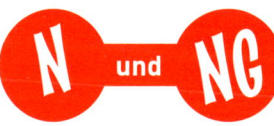

Um den Klang des N zu bilden, formen Sie den Mund wie beim Vokal I (siehe S. 86). Die Zungenspitze liegt locker am vorderen Gaumen an und lenkt damit den Luftstrom durch die Nase.

Das NG ist ein eigener selbstständiger Laut, der vor allem um die Nasenwurzel herum zu spüren ist. Diesen Bereich im Gesicht kennen all diejenigen, die durch die Nase schnarchen. NG eignet sich sehr gut für Klang- und Resonanzübungen, z. B. „Ding-dong", „Kling-klang-klong". Der Zungenrücken wölbt sich dabei zum weichen, hinteren Gaumen. Die Zungenspitze liegt locker an den unteren Schneidezähnen. Dabei öffnen

VI Die Laute und ihre Artikulation

Sie den Mund leicht. Im NG ist weder das N noch das G herauszuhören.

Hier zwei Übungsverse aus dem „Kleinen Hey" zu N und NG: (44)

Nun nahen neue Wonnen
Nun glänzt und grünt manch Land;
Schneerein nun rinnen Bronnen
Von nacktem Felsenrand,
Genzianen blühn daneben,
Von oben Sang schon klingt,
Denn rings ein ahnend Leben
Lenznahn nun drängend bringt!

Bangen, verlangen
Nach prangenden Wangen!
Von Hoffnungen trunken,
In Ahnung versunken
Wanken und schwanken,
Dem Undank zanken,
Kein Heim erwerben;
Ohn' Lieben und Leben,
Streben und weben,
Verderben und sterben.
Dem Sensenmann zum Lohn
gegeben –
Nennt's Unsinn nun ein
Menschenleben!

Julius Hey

Die Konsonanten

Wenn Sie das M so aussprechen, dass es kurz und mit dem Klang Ihrer Stimme klingt, wird es besonders schön – also so wie z. B. im Wort „Summen". Probieren Sie es mit diesem Übungssatz aus:

*Wer gegen Aluminium
minimal immun ist, besitzt
Aluminium-Minimal-Immunität.*

*Aluminium-Minimal-Immunität besitzt,
wer minimal gegen Aluminium immun ist.*

Gut geeignet ist auch folgender Übungsvers: (45)

*Mir Armen im Kummer
Kommt manchmal mehr Mut.
Nimmt mit Himmels Milde
Marias Muttermacht –
Stumm Schmerz und Schmach von mir.*

Julius Hey

 Verführerische Laute

Mit allen klingenden Konsonanten, wie zum Beispiel dem M, können Sie wunderbar spielen und „Gefühle verkaufen". In der Radio- und Fernsehwerbung wird dies oft gemacht: „Mmmhhh, das schmmmeckt!" (46) *oder „Probieren Sie unsere Mmmeier-Mmmilch" (oder wie auch immer die Firma heißen mag).*

Auch bei Ankündigungen auf der Bühne kann man diesen Effekt wirkungsvoll einsetzen: „Mmmeine Damen und Herren! Hier ist Mmmarylin Mmmonroe!"

Der Grund für die starke emotionale Wirkung liegt darin, dass bei den Klingern Ihre Stimme dabei ist und besonders in den tieferen Bereichen voll mitschwingen kann (siehe S. 74 – Die Glocke). Wenn Sie den Effekt nicht zu oft anwenden, können Sie damit Ihr Publikum gut in Stimmung bringen.

VI Die Laute und ihre Artikulation

Der Wechsel von einem Konsonanten zu einem anderen ähnlichen Konsonanten – z. B. von N zu M oder umgekehrt – ist nicht immer leicht zu sprechen. Sagen Sie:

Wenn der Benz bremst,
brennt das Benz-Bremslicht.

Wenn das Sprechen richtig fließen soll, muss sich die Zunge in Ihrem Mund wie ein Delfin unter Wasser bewegen: spielerisch, leicht, genüsslich und dabei trotzdem präzise und kraftvoll.

Im Deutschen kommt es oft vor, dass auf ein N am Ende eines Wortes ein M am Anfang des nächsten Wortes folgt. Leider sprechen dies sehr viele Menschen nicht aus und es bleibt nur das M übrig. Beispiel: „Wenn man ...". Klingt es bei Ihnen eher nach „Wemman"?

Sprechen Sie diesen Satz:

Wenn man krank ist,
sollte man sich ausruhen.

Hier folgt nun eine etwas altmodische, aber gute Übung von Julius Hey, um genau diese Konsonantenverbindung zu trainieren. Übertreiben Sie beim Sprechen zunächst die Konsonanten.

Übrigens: „Muhme" ist eine alte Bezeichnung für Tante oder Cousine. Ein „Nachen" ist ein flaches Boot. Und: Damals haben die Männer noch mit einem Ständchen um Ihre Angebetete geworben. (47)

Wenn Männer den Mädchen
mal Ständchen bringen,
Im Nachen mit neckischem
Brummen, mit Singen,
Dann murmeln die Muhmen mit
Nasenrümpfen
Empfindsam und meinen,
man müsse nun schimpfen!

Julius Hey

Die Konsonanten

> **Tipp: Erst mal übertreiben**
>
> *Mit dem Training der Artikulation ist es ein bisschen wie mit dem Gewichteheben. Wenn Sie ganz locker, ohne viel Anstrengung fünf Kilo mit einer Hand hochheben wollen, dann sollten Sie mit zehn Kilo trainieren. Wenn Sie also im Alltag besser sprechen möchten, sollten Sie beim Üben erst mal übertreiben. Übertreibung schafft Bewusstheit.*

Probieren Sie folgenden Satz:

Russische Russen rutschen russische Rutschen russisch runter.

Im süddeutschen Sprachraum – z. B. im Fränkischen oder Bayerischen – wird das R vorn am Gaumen mit der Zunge gerollt. Sie kommen aber problemlos und „sauber" durch, wenn Sie das R gar nicht rollen, weder mit der Zunge noch mit dem Zäpfchen.

In vielen Worten wird das R auch gar nicht gesprochen, z. B. in „Erde" oder „Vergangenheit". Wenn es am Ende eines Wortes steht, spricht man es nie, z. B. in „Haar" oder „wahr".

Das Rachen-R ist das einzige in der deutschen Hochsprache gängige, angewandte R. Bei der Bildung des Rachen-R liegt der hintere Teil der Zunge am hinteren Gaumen. Die Zunge wird unter Hinzugabe von Atemluft zum Schwingen gebracht: Rrrr. Wird es zu weit hinten gebildet, entsteht das Schweizer R. Wenn das R bei Ihnen nicht rollt, nehmen Sie einen Schluck Wasser in den Mund und gurgeln Sie ein wenig. Mit feuchter Kehle geht es wesentlich leichter.

In der nächsten Übung können Sie noch einmal ausprobieren, ob Sie das R rollen können und möchten – oder lieber nicht:

Bürsten mit schwarzen Borsten bürsten besser als Bürsten mit weißen Borsten bürsten.

Und hier zwei entsprechende Übungsbeispiele aus dem „Kleinen Hey": (48)

*Schwer heran braust Sturmeswetter,
Dräuend rasselt Donners Grollen!
Sturm und Brandung rauschen rasend,
Erde selber schwer erschütternd,
Donner furchtbar überdröhnend!
Rastlos, sonder Fährt' und Richtschnur
Irrt der Ritter durch der Berge
Rauhen Gürtel;
Rings umher durch scharf Gerölle
Rinnen klare Wasser nieder –
Immer weiter, ferner strebt er
Über rauher Berge Rücken,
Über Gründe, grün verrankt,
Dringt er fürder – bricht durch
Wirrsal.*

*Grimmer Recke, störr'ger Krieger,
Schwerterklirrend tritt hervor!
Wer war dort der Mauerbrecher,
Der verheert mir Burg und Ritter?
Zerrt hierher mir den Barbar!
Rache schwor mir der Verräter,
Aber rascher wird dir werden
Kerker dort! – Verruchter Räuber!*

Julius Hey

Sehr amüsant ist dieses Gedicht von Ernst Jandl:

lichtung

*manche meinen
lechts und rings
kann man nicht velwechsern
werch ein illtum!*

Ernst Jandl

Werke in 6 Bänden (Neuausgabe), hrsg. von Klaus Siblewski
©2016 Luchterhand Literaturverlag, München,
in der Verlagsgruppe Random House GmbH

S (stimmhaft)

Das S kann sowohl ein Reibelaut (siehe S. 113) als auch ein Klinger sein. Solch ein weiches, säuselndes S bezeichnet man auch als stimmhaft, da es mit einem Ton gesprochen wird. Die Zungenspitze liegt dabei gefühlvoll an den oberen oder unteren Schneidezähnen an. Das Kinn geht leicht nach vorn. Ihre Stimme begleitet das weiche Vibrieren. Ihr stimmhaftes S sollte wie das Summen einer Biene klingen, die um eine Blüte fliegt – also wie in „Wiese", „Sonne" oder „sanftes Summen".

Die Konsonanten

Sprechen Sie folgenden Satz:

Der greise Sänger sang ebenso miserabel wie die greise Sängerin.

Nehmen Sie nun die Hand hinter ein Ohr, um besser zu hören. Geben Sie bei der folgenden Artikulationsübung mehr Stimme und lassen Sie Ihre Zunge vibrieren und weniger zischen. Versuchen Sie den Satz nicht logisch zu verstehen – schalten Sie ausnahmsweise Ihren Kopf aus:

Sensitive Selektionssimulatoren sondieren sogar sekundär-strukturierte Sonarselektoren.

Sogar sekundär-strukturierte Sonarselektoren sondieren sensitive Selektionssimulatoren.

Im Deutschen werden alle Wörter, die mit einem S beginnen, mit dem stimmhaften S gesprochen. Nur in Ausnahmefällen steht ein stimmloses, scharfes S am Anfang eines Wortes, z. B. bei dem eingedeutschten Wort „Sex", im Gegensatz zu „Sechs", das mit einem stimmhaften S gesprochen wird.

Das W ist ein wirklich schöner, geradezu eleganter Laut, der meist aber völlig vernachlässigt wird.

Das W wird zwischen den oberen Schneidezähnen und der Innenseite der Unterlippe gebildet. Durch die Atemluft, die durch die oberen Schneidezähne und die Unterlippe entweicht, entsteht Reibung. Genau genommen müsste man das W daher zu den Reibelauten zählen. Da beim W aber Stimme hinzugegeben wird (es also stimmhaft ist), ist es immer auch ein Klinger.

Wenn Sie nicht gewöhnt sind, das W bewusst zu sprechen, kitzelt es wahrscheinlich zunächst etwas unangenehm an der Unterlippe. Mit der Zeit verliert sich dies.

Das W ist Teil eines Konsonanten-Geschwisterpärchens: W und F sind miteinander verwandt, weil beide an der gleichen Stelle gebildet werden. Aber: W ist stimmhaft und weich, F ist stimmlos und zählt zu den Reibelauten (siehe S. 124).

VI Die Laute und ihre Artikulation

> **Info** — **Nicht jeder Laut hat eine Stimme**
>
> Zur Wiederholung: Stimmhaft bedeutet, Ihre Stimme macht bei dem Laut mit. Es kommt also ein Ton dazu. Bei stimmlosen Konsonanten ist kein Klang der Stimme dabei. Hier hören Sie nur die Reibung der Luft zwischen den Zähnen und der Unterlippe.

Und hier eine W-Übung aus dem „Kleinen Hey": (51)

Wie wär's wohl, wenn wir weilten,
Wo wogende Wellen weich winken,
Wo wonniges Wehen im Walde,
Wenn Westwinde wiegen und weben?
Wohl werden wir weilen wo Waldweh'n,
Wo wallende Wellen sich wiegen,
Weil Waldwonnen Wunder wohl wirken.

Julius Hey

• •

Bis das W hörbar in Ihrer Alltagssprache auftaucht, müssen Sie viel üben, aber es lohnt sich. Versuchen Sie diesen Satz: (50)

Wir Wiener Waschweiber würden
weiche weiße Wäsche waschen,
wenn wir wüssten, wo weiches
warmes Waschwasser wäre.

• •

Noch schwieriger wird es, wenn das W nach einem Z kommt, da das Z viel mehr Atemdruck braucht als das W. Sprechen Sie die beiden Laute einmal einzeln nacheinander: „Z-W-Z-W-Z-W"

Versuchen Sie nun diesen beliebten Zungenbrecher:

Zwischen zwei Zwetschgenzweigen
zwitschern zwei Schwalben.
Zwei Schwalben zwitschern zwischen
zwei Zwetschgenzweigen.

Besonders schwierig ist die Stelle „zwei Schwalben", weil hier plötzlich statt ZW ein SCHW auftaucht. Lassen Sie sich Zeit beim Artikulieren, sonst gelingt es nicht.

• •

Die Konsonanten

J

Das J ist kein schwieriger Laut. J klingt ganz einfach wie in „Ja". Es kann besonders schön und deutlich klingen, wenn Sie ein kleines, kaum hörbares „i" davor sprechen, zum Beispiel: „iJa!", „iJesus", „iJammer".

Sprechen Sie diesen Übungssatz aus dem „Kleinen Hey": 52

Jubelnd, johlend und jauchzend,
Jetzt im Jänner des Jahrs.

Julius Hey

Die Reibelaute

S (stimmlos)

Das S kann – wie oben beschrieben – sowohl ein Klinger (siehe S. 110) als auch ein Reibelaut sein.

Das stimmlose, scharfe S wird im Prinzip genauso wie das stimmhafte S gebildet, nur mit etwas stärkerem Luftdruck zwischen den Schneidezähnen und der Zungenspitze. Es kommt meist innerhalb oder am Schluss von Wörtern vor, wie in „Essen", „Fluss" oder „weiß".

Klingt Ihr stimmloses S irgendwie verstopft? Dann sprechen Sie folgenden Satz und achten Sie auf Ihr S – und natürlich auch auf Ihr schönes, sanftes stimmhaftes (!) W:

Wer nichts weiß und weiß, dass er nichts weiß, weiß mehr als der, der nichts weiß und nicht weiß, dass er nichts weiß.

VI Die Laute und ihre Artikulation

Für das Training des S (stimmhaft und stimmlos) im Wechsel zu Z eignet sich folgender Vers aus dem „Kleinen Hey":

(53)

*Es zogen zwei Sänger
zum säuselnden See,
Zart sangen zur Zither sie Tänze;
Dass Zeisig ganz sacht zur selben Zeit
Sich zurückzog zu des Waldsaumes Grenze.
Sie seufzten nach Zeiten, so rosig,
so süß,
Als sorglos, selbst sonder Zagen,
Des Sängers Los man selig pries –
Zart wusst man Seltsames zu sagen:
Dass so Zanksucht als Zorn
sich selten gezeigt,
Als Zukunftsängers zärtlichste Weisen,
Des süßen Zusammenseins sel'ge Zeit
Zunftmäßig suchten zu preisen.*

Julius Hey

Sprechen Sie folgenden Übungssatz und legen Sie dabei Ihre Hände an die Ohren:

Haben Sie saure Sülze mit Nussmus für meine süße Zunge?

Klingt Ihr S oder das Z eher wie das englische TH, wie z. B. in dem Wort „with"? Schauspielerinnen nutzen manchmal diesen „Effekt", um in Komödien ein „hilfloses Dummchen" zu spielen.

Möglicherweise hilft es Ihnen, wenn Sie mit Ihrer Zungenspitze eine andere Stelle für das S und das Z an Ihren Frontzähnen finden. Probieren Sie alle Schneidezähne durch – auch die unteren! Oder suchen Sie mit der Zunge einen Punkt an den weichen Übergängen des Gaumens zu den Zähnen. Sprechen Sie mit vertrauten Menschen, ob ihnen ein S-Fehler auffällt. Gegebenenfalls kann Ihnen auch der Zahnarzt mit einer Regulierung Ihrer Zahnstellung helfen.

Sprechen Sie folgenden Satz, in dem es um die Abfolge S und SCH geht. Achten Sie darauf, die Zischlaut-Kombinationen nicht zu vernuscheln.

Es stimmt, dass Strümpfe in weiß-schwarz gestreiften Hausschuhen aus Stoff stören.

Meist klingt es so: „Eschtimmt daschtrümpfe in weisch-warzgeschtreiften Hauschuhen auschtoffschdören."

Trainieren Sie diese Konsonantenverbindung, indem Sie die Laute erst einmal übertrieben lang und deutlich sprechen. Irgendwann kennen Zunge und Lippen die Herausforderung und Sie sprechen auch im Alltag automatisch deutlich, ohne dass es übertrieben klingt.

Z

Ein gut gesprochenes Z braucht genug Atemdruck und eine kräftige Zunge. Sprechen Sie ein T und lassen Sie es in ein stimmloses S übergehen. Stellen Sie sich vor, Sie zielten mit Ihrem Z wie mit einem spitzen Pfeil auf eine Zielscheibe und träfen immer ins Schwarze.

Das Geräusch des Z ist nichts anderes als ein T mit einem angehängten stimmlosen, also scharf klingenden S (wie in „Bus").

Sprechen Sie laut und deutlich den Satz:

Zehn zahme Ziegen zogen zehn Zentner Zucker zum Zoo.

Klingt es bei Ihnen so: „Ssehn ssahme Ssiegen ssogen ssehn Ssentner Ssucker ssum Ssoo?" Oder gibt es Nebengeräusche wie Pfeifen, Schmatzen, Sprudeln? Dann ist diese Übung besonders wichtig für Sie.

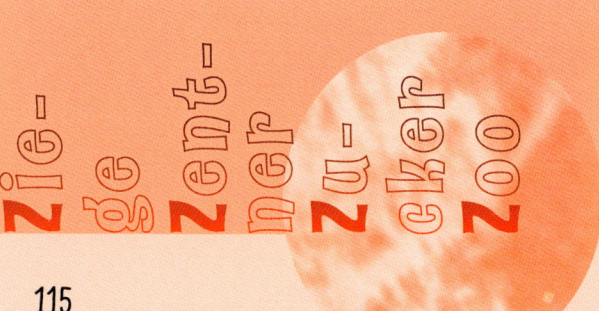

Beim folgenden Schüttelreim sollten Sie auf keinen Fall nur ein S sprechen:

*Beim Zahnarzt in den Wartezimmern,
da hört man nicht nur Zarte wimmern.*

Es darf nicht so klingen: „Beim Ssahnarzt in den Wartessimmern, da hört man nicht nur Ssarte wimmern."

Zum Z-Training eignen sich auch der oben genannte Vers „Es zogen zwei Sänger" (siehe S. 114) sowie die folgende Übung aus dem „Kleinen Hey": 54

*Jetzt wetzt der Letzt',
Gehetzt entsetzt
Des Messers flitz'ge Spitz'!
Erhitzt, geritzt –
Von Schmerz zersetzt –,
Reizt's Herz des Streites Hitz!*

Julius Hey

In den nächsten Zungenbrechern kommt das Z in der Kombination mit dem SCH vor:

*Zwischen zwei spitzen Steinen
saßen zwei zischelnde
Zischelschlangen und zischten.*

*Zwischen zwei Zwetschgenzweigen
sitzen zwei zechenschwarze
tschechisch zwitschernde
Zwergschwalben.*

Besonders schwierig ist die Stelle „zechenschwarze tschechisch zwitschernde". Sprechen Sie den Vers noch einmal flüssig und zügig.

Die Konsonanten

Zur Bildung von SCH braucht man eine bewusste Bewegung: Machen Sie eine Schnute und schieben Sie den Unterkiefer leicht nach vorn. Die Zungenränder liegen links und rechts am Gaumen an.

Wie klingt Ihr SCH – hell und scharf oder dunkler und weicher? Der Klang hängt vom Resonanzraum in Ihrer Mundhöhle ab. Sie können dies beeinflussen, indem Sie die Lippen stark nach vorn stülpen und Ihre Zunge jetzt im Mund in verschiedene Positionen bringen. Ist die Zunge weit vorn, gibt es ein helles SCH, ist sie weiter hinten, entsteht ein dunkles SCH.

Das dunkle SCH ist vielleicht schöner, aber auch ein bisschen schwieriger, weil sich die Lippen nach vorn und die Zunge nach hinten bewegen müssen. Wenn Sie Ihre Lippen gar nicht bewegen, klingt es halbherzig.

Hier zwei Übungen aus dem „Kleinen Hey" zu den unterschiedlichen Erscheinungsformen des SCH bzw. zu SP, das am Anfang eines Wortes immer wie SCHP klingt:

Stündlich stöhnt der störr'ge Strolch,
Stemmt sich stramm zu starkem Sturz –
Stampfend stets die Strohbettstatt –
Stumpf gestützt auf strupp'ge Streu.
Still und staunend steht der Strenge,
Stumm, bestürzt zum Sträfling starrend! –

Specht, Spatz, Sperber
sprangen spornstreichs,
Spottend Spangen, Sparren,
Sprossen,
Spät aus spitz'gen Speichers Spalte
Speis' und Speck im Spinde spähend.
Schießen schleunig, schier verschwindend,
Schlangenschleichend, scheu und schlurfend,
Schnell zum schmalen Schlossesschornstein,
Schrillen Schreis den
Schlossschenk schreckend!

Julius Hey

VI Die Laute und ihre Artikulation

Üben Sie die folgende Schnecken-Übung mit dem SCH Ihrer Wahl: 56

Wenn Schnecken an Schnecken schlecken, merken Schnecken zu ihrem Schrecken, dass Schnecken nicht schmecken.

Die nächsten Verse sind mit starken Lippenbewegungen zu sprechen:

Jäh aus Schlingen und Schleifen schlüpfen geschmeidig schnell verschwindend schreckende Schlangen.

Diesen Zungenbrecher müssten Sie jetzt eigentlich „locker beherrschen":

Schwarze Schmeißfliege frisst frisches Fischfleisch. Frisches Fischfleisch frisst schwarze Schmeißfliege.

Gibst du mir einen Schlummerkuss, dann ist mit meinem Kummer Schluss.

Probieren Sie den Satz zuerst langsam, dann etwas schneller. Wenn es nicht klappt, versuchen Sie es noch einmal folgendermaßen: Gerade hinsetzen, aktiv sprechen und vor allem: mitdenken!

Achten Sie beim folgenden Übungssatz auf einen sauberen Übergang von D in „Hand-" zu SCH in „-stand". Üben Sie die beiden Wortteile zunächst getrennt.

Zwanzig Zwerge zeigen Handstand, zehn im Wandschrank, zehn am Sandstrand.

Tipp — Literaturhinweis

Eine sehr gute Geschichte zum Thema Sprachfehler ist übrigens „Schischyphusch oder der Kellner meines Onkels" von Wolfgang Borchert.

Die Konsonanten

Info — Stiel mit Stil

In der Verbindung mit T oder P am Wortanfang und oft auch in der Mitte des Wortes wird S immer wie SCH ausgesprochen, z. B. „Stand", „Stein", „Spitze", „Specht". Es gibt wenige Ausnahmen, wie z. B. der „Stil" (Mode, Architektur, Kunst) im Gegensatz zum „Stiel" (Hammerstiel, Blumenstiel).

CH

Es gibt zwei verschiedene Klänge des CH: das vordere und das hintere CH.

Das vordere CH klingt hell (wie bei „gleich") und wird gebildet, indem Sie an den Klang des Vokals I denken (z. B. „Hihihi!") und das Kinn ein wenig nach vorn schieben. Der Zungenrücken liegt am oberen Gaumen an, die Zungenspitze geht an die unteren vorderen Schneidezähne. Um den Laut zu bilden, braucht es etwas Kraft und Atemluft.

Sagen Sie einige Male hintereinander und nicht zu laut: *„Ich, ich, ich."*

Lassen Sie das CH ein bisschen länger als üblich hören und merken Sie sich, wo sich Ihre Zunge dabei befindet. Die hinteren Zungenränder „kleben" rechts und links an den Backenzähnen und die Luft rutscht in der Mitte durch die Zungenrinne. Das CH kann nicht sehr laut gesprochen werden und soll klingen wie ein leichter Wind, der durch Laubbäume weht.

Sprechen Sie jetzt aktiv und deutlich:

*Alle die Dingerchen, Bänderchen,
Miederchen,
Ihr um die Fingerchen,
Ihr um die
Gliederchen. (...)*

Friedrich Rückert

Falls Sie aus Gewohnheit eher faul artikulieren (was nicht nur in Berlin und Brandenburg vorkommt), bleibt Ihre Zunge dabei unten liegen und aus dem CH wird ein schlabberiges SCH: „Alle die Dingerschen, Bänderschen ..."

Tipp — Lust auf mehr?

Falls Ihnen der Spruch „Alle die Dingerchen ..." Lust auf mehr macht: Diese Zeilen stammen aus dem Gedicht „Die Göttin im Putzzimmer" von Friedrich Rückert, das noch viel mehr schwierige CH-Laute enthält ...

VI Die Laute und ihre Artikulation

Sprechen Sie zur Übung des CH auch diesen Übungsvers aus dem „Kleinen Hey": 57

Nicht schlechte Wächter scheuchen Wichte, welche frech lächelnd, Ziemlich bezecht – möchten flüchtig entweichen.

Schüchtern, verächtlich, gleich Kätzchen weich schleichen, Sichtlich gemächlich, recht heuchelnd sich fächelnd.

Julius Hey

• •

Beim hinteren dunklere CH (wie bei „Ach!", „Nacht", „Och!" „Huch!") liegt der Zungenrücken ebenfalls oben am Gaumen an – nur viel weiter hinten. Die Zungenspitze geht an die unteren Schneidezähne. Der Mund öffnet sich leicht. Experimentieren Sie ein bisschen, z. B. mit: „Achtung! Achtung!"

Dieses CH muss nicht unbedingt so rau schnarren wie bei einem Schnarchen. Wenn Sie die Lage des Zungenrückens am Gaumen ein wenig nach vorn in Richtung Mund verschieben und dabei ganz leicht lächeln, wird der Klang weicher. In Ausnahmefällen ist das hintere CH ein Verschlusslaut, z. B. in „Wachs".

> **Tipp** **Der feine Unterschied**
>
> *Übrigens: In „Nächster Halt ..." oder „Der Nächste bitte!" (z. B. beim Arzt im Wartezimmer) wird das Wort „Nächste" nicht wie „Näkste", sondern weich mit einem echten CH (wie in „gleich") ausgesprochen. Genauso ist es bei „der höchste Berg". Gesprochen wird das CH weich und vorn.* 58

Im folgenden Zungenbrecher wird das CH und das Z mit ST (gesprochen wie SCHT) und anderen Konsonanten verbunden.

Sie stellte ein tschechisches Streichholzschächtelchen auf den Tisch.

• •

Die Konsonanten

CH und SCH

Besonders die Kombination „tsch-e-ch-i-sches Streichholzschächtelchen" fällt schwer und muss oft geübt werden, aber es lohnt sich! Wenn Sie diesen Satz schnell, deutlich und überzeugend aussprechen können, wirkt sich das auf Ihre gesamte Artikulation aus.

Haben Sie keine Mühe mehr mit diesem Satz? Dann ergänzen Sie:

Sie stellte schnell ein österreichisch-tschechisches Streichholzschächtelchen auf den Ausziehtisch.

Wiederholen Sie die Übung mehrfach laut und schnell.

Der Unterschied im Klang von CH zu SCH wird besonders deutlich, wenn Sie sich beim SCH das mächtige Geräusch einer riesigen Dampflokomotive vorstellen: „SCH-SCH-SCH...!"

Das CH klingt dagegen zierlich. Wie ein schamhaftes leises Kichern: „CHI-CHI-CHI..."

Versuchen Sie diesen Übungssatz und nehmen Sie den Wechsel von CH zu SCH bewusst wahr: 59

Ein chinesischer Chirurg schenkt tschechischen Skifreunden frischgebackene Shrimps.

Frischgebackene Shrimps schenkt ein chinesischer Chirurg tschechischen Skifreunden.

Im süddeutschen Sprachraum hört man auch „Kirurg", „Kina" oder „Kemie".

VI Die Laute und ihre Artikulation

Die folgende Übung zum Wechsel von CH zu SCH lässt sich auch gut unterwegs (auswendig) durchführen. Probieren Sie es, wenn Sie nicht abgelenkt werden.

Sagen Sie zunächst:
Chische-Chische-Chische

Dann:
Schiche-Schiche-Schiche

Und jetzt im Wechsel:
Chische-Schiche-Chische-Schiche

Oder umgekehrt:
Schiche-Chische-Schiche-Chische ...

Achten Sie darauf, dass aus dem I kein Ü wird, also nicht: „Schüche-Schüche ..."

Sprechen und verlängern Sie solche Reihen erst langsam und vergessen Sie nicht, zwischendurch zu atmen. Werden Sie erst nach einiger Übung etwas schneller.

Drei weitere Übungssätze zum Wechsel von CH und SCH. Sprechen Sie im ersten Satz die Silben zunächst bewusst getrennt „grie-chi-sche".

Sechs hässliche, hessische Mädchen sprechen die griechische und die hessische Sprache.

Wichtige chinesische Psychologietechniken schaffen verschiedene Weichheitszeichen.

Oft hängt bei einem forschen Mädchen die Tugend nur am morschen Fädchen.

Im Folgenden geht es um CH bzw. SCH in Kombination mit Ü, I und Ä: (60)

Steht ein Würmchen auf dem Türmchen, mit dem Schirmchen unterm Ärmchen, kommt ein Stürmchen, wirft das Würmchen mit dem Schirmchen unterm Ärmchen von dem Türmchen.

Die Mundstellung der „Schnute" beim SCH verleitet dazu, das I wie ein Ü auszusprechen. Deshalb achten Sie besonders darauf, dass Sie auch wirklich „Schirmchen" (mit einem hörbaren I) und nicht „Schürmchen" (mit Ü) sagen.

Ist Ihre Zunge beim CH in der Position wie beim I? Oder ähnelt Ihr CH einem SCH? Mit diversen Fehlern klänge es so: „Steht ein Wümschen auf dem Tümschen ..."

Das PF ist eine Kombination von Reibelaut und Verschlusslaut.

Wie nennen Sie das Tier, das den Reiter trägt – „Ferd" oder „Pferd"? Die Meinung, die richtige Aussprache wäre „Ferd" (oder „Fanne" statt „Pfanne"), ist weit verbreitet. Die korrekte Aussprache „Pferd" ist allerdings auch nicht einfach. Wenn man vor sich hin nuschelt, hat man für ein lockeres P oft nicht genug Spannung – weder im Körper noch in den Lippen. Wenn man es trotzdem versucht, klingt es erst einmal übertrieben.

Trainieren Sie zunächst das PF in Kombination mit einem offenen O, also mit dem O, das Sie aus dem Wort „Ort" kennen. Das ist einfacher als die Verbindung mit E:

Der Pfostenputzer putzt den Pfosten.
Den Pfosten putzt der Pfostenputzer.

Auch hier gibt es ein Verwechslungsrisiko, z. B.: „Der Pfostenputzer pfutzt den Posten, den Pfotzen putzt der Pfostenpfutzer."

Versuchen Sie es gleich noch einmal etwas schneller.

• •

Das F wird gebildet, indem die Unterkante der oberen Schneidezähne leicht auf der Innenseite der Unterlippe liegt. Dazwischen reibt sich der Luftstrom. Lassen Sie nun die Luft durch die schmale Öffnung zwischen den Schneidezähnen und der Lippe mit etwas Druck hörbar streichen. Der Vorgang ist ähnlich wie beim Pfeifen, nur bilden Sie dabei keine Schnute. Versuchen Sie auch einmal, den Ton des Luftgeräusches zu variieren, indem Sie Ihre Lippenstellung verändern.

Hier ein Übungsvers zum F aus dem „Kleinen Hey": 61

Fischfrevler Franz fing frech
Vorm Flussfall fette Fünffingerfische.
Vier fichtne, feste Fischfässer
Fassten vollauf den Fang –
Viele freilich flitzten flott davon.

Julius Hey

Die Verschluss- oder Explosivlaute

Wie bereits oben beschrieben geben die Verschluss- oder Explosivlaute kurze, starke Akzente. Da platzt und knallt es hörbar (siehe S. 103).

Die folgende Übung schult die Wahrnehmung und macht gleichzeitig den gesamten Mund wach. Es werden ganz unterschiedliche Bereiche angesprochen: B und P „explodieren" an Ihren Lippen, D und T mit Hilfe der Zunge am oberen, vorderen Gaumen. Bei G und K stößt sich Ihr Zungenrücken vom hinteren Gaumen ab.

- Sprechen Sie dieses explosive Trio mit jeweils einem kurzen E bzw. A mehrmals laut und deutlich hintereinander:
  „pe te ka – pe te ka – pe te ka"
- Zum Vergleich geht es nun um die weicher klingende „Verwandtschaft". Sagen Sie:
  „be de ge – be de ge – be de ge"
- Wiederholen Sie die Laute und die Bewegungen dazu mehrmals bewusst langsam, um die jeweiligen Kontaktpunkte in Ihrem Mund zu erspüren:
  „pe te ka" und „be de ge"

> **Tipp** **Klare Laute**
>
> *Die Laute P-B, T-D und K-G klingen besonders rein und klar, wenn nicht zu viel Spucke im Weg ist. Die Empfehlung lautet: Vor dem Sprechen von Übungen mit Explosivlauten mit einem Schluck Wasser (still) kurz den Mund spülen!*

Bei Wörtern wie „Leben" können Sie zwar auch „Lebn" sagen, aber passen Sie auf, dass daraus nicht „Lehm" wird. (Allein schon der Respekt vor dem Leben fordert auch den Respekt vor einem ausgesprochenen B darin.)

Falls Sie allerdings sehr laut und deutlich sprechen müssen, z. B. bei einer größeren Entfernung zu den Zuhörern oder bei Lärm, sollten Sie das -en ausdrücklich mitsprechen: *„Nein, wir hattEN keine Kartoffeln im PlattENbau!"*

Nachrichten oder Nachrichtn?

Es gibt eine weitere Besonderheit bei den Explosivlauten: Bei Wörtern, in denen solch ein Laut gefolgt von einem -en vorkommt, darf das E in -en verschwinden. Es ist dann kaum noch oder gar nicht mehr zu hören. So klingt ein Wort viel natürlicher und nicht übertrieben oder arrogant.

Beispiele: (62)
- *Nachrichtn* statt *Nachrichten*
- *hattn* statt *hatten*
- *mittn* statt *mitten*
- *habn* statt *haben*
- *übertriebn* statt *übertrieben*
- *Hackn* statt *Hacken*
- *lagn* statt *lagen*
- *Pappnheimer* statt *Pappenheimer*
- *Lappn* statt *Lappen*

VI Die Laute und ihre Artikulation

P und B

Die beiden Explosivlaute P und B sind ein „Geschwisterpaar" unter den Konsonanten. Sie werden an der gleichen Stelle gebildet. Der gestaute Atem „sprengt" die Lippen auseinander.

Aber wie unterscheiden sie sich? Das P ist stimmlos: P-P-P. Das B dagegen ist stimmhaft, das heißt: Die Stimme klingt am Ende ganz kurz nach – wie eine Mischung aus einem kurzen, verschluckten E und A: B(e)-B(e)-B(e). Dadurch wirkt das B auch weicher.

Hier zwei Übungen zu P und B aus dem „Kleinen Hey": 63

Bald bebt im Purpur die blonde Braut.
Bunt blühen Blaublümelein am Boden;
Breitblättriger Palmbaum prangt beim Portal,
Breitbauschige Banner beleben den Plan!
Aber bleich und betrübt blickt die blonde Braut,
Als berste ihr bang die bebende Brust –
Ob Preis man, Prunk, und bebänderte Pracht
Blöd beibringt als Brautgebinde dem Paar ...?

Plump bricht der bepackte Bauer
Die Laubpracht falbprangend beim Birnbaum;
Prompt bläut der erprobte Pächter
Den Dieb im baumbuschigen Parke,
Mit Bambus beim Pumpbrunn'! –

Julius Hey

Der Wechsel zwischen F und P / B – mal vorn, mal in der Mitte des Wortes, mal hinten – „hat es in sich". Mit dem folgenden Satz wird die Geläufigkeit bei diesem Wechsel trainiert:

Flippe-Puffe-Puppe-Piffe-
Paffe-Baffe-Buff

Wiederholen Sie den Satz noch einmal und gleich ein bisschen flotter.

Die Konsonanten

p

Der Explosivlaut P sprengt unsere Lippen. Probieren Sie, ihn so richtig knallen zu lassen. Wenn dies nicht gut klappt, wiederholen Sie am besten die Übungen „Lippentrompeten" und „Lippenprusten" (siehe S. 39, 41).

Hier ein passender Zungenbrecher:

Ein peppiger plappernder Kaplan klebt Papp-Plakate.
Papp-Plakate klebt ein peppiger plappernder Kaplan.

Sie haben bereits Ihre Zunge trainiert und verschiedenste Lautverbindungen einzeln geübt. Versuchen Sie im Unsinn-Gedicht von Dieter Wyss (64) das P zu trainieren und darüber hinaus alles anzuwenden, was Sie bisher geübt und gelernt haben – zuerst langsam und dann etwas schneller.

Die polizei

Die polizei
hei hei
die polizei
die zeilipop
ziz zis
zilillipop
pi piloz i
zolipi
poplozipop
hei hei
die polizei
zeizizili
polizpopi
ei zolipei
peizipopei
die polizei
zei zei
hei hei
die polizei
vorbei!

© Dieter Wyss

VI Die Laute und ihre Artikulation

Wenn Sie vorhin das P gut geübt haben, dürfte Ihnen das B keine großen Probleme machen.

Versuchen Sie die folgende Reihe auf einem Atem zu sprechen:

*Ballalla, Ballalle, Ballalli,
Ballallo, Ballallu*

Nehmen Sie jetzt noch die Umlaute Ä, Ö und Ü dazu:

*Ballalla, Ballalle, Ballalli, Ballallo,
Ballallu, Ballallä, Ballallö, Ballallü*

Sprechen Sie auch diese Reihe auf einem Atem. Sie werden feststellen, dass alles nur eine Frage der Einteilung ist.

Führen Sie die gleiche Übung jetzt auch noch mit den Diphthongen EI, EU und AU durch:

Ballallei, Ballalleu, Ballallau

Wenn Ihnen alles gut gelingt, hängen Sie noch eine Silbe an:

*Ballallalla, Ballallalle, Ballallalli,
Ballallallo, Ballallallu
Ballallallä, Ballallallö, Ballallallü
Ballallallei, Ballallalleu, Ballallallau*

© 2011 Ulrike Völger, Rechte bei der Autorin

•••••••••••••••••••••••••••••••

Der nächste Übungssatz ist ein Schüttelreim. Bei einem Schüttelreim werden die Anfangskonsonanten der Reimwörter vertauscht (im vorliegenden Beispiel B und W), wobei der Satz trotzdem noch einen Sinn ergeben soll – am besten einen überraschenden oder absurden.

Bei diesem Beispiel können Sie auch überprüfen, ob sich Ihr CH verbessert hat. Klingt es immer noch ein wenig nach „Isch" oder schön sauber mit einem zarten, feineren, hellen CH?

*Ich geh mal in den Birkenwald,
denn meine Pillen wirken bald.*

•••••••••••••••••••••••••••••••

Die Konsonanten

K und G

Wenn Sie das G üben möchten, üben Sie am besten das K, dann übt sich das G gleich mit. Beide Konsonanten werden an der gleichen Stelle gebildet und sind ein „Geschwisterpärchen". Der Zungenrücken stößt sich vom hinteren Gaumen ab.

Versuchen Sie folgenden Unsinnsvers:

*Es kotzen Kas und räkeln sich,
die Klosterfrauen ekeln sich.*

K

Die Bildung des K-Lautes machen Sie bestimmt unbewusst richtig. Um sich dies aber auch bewusst zu machen, üben Sie:

*Die Katzen kratzen im Katzenkasten,
im Katzenkasten kratzen Katzen.*

Nuscheln Sie eigentlich die Endungen (-en) weg oder sprechen Sie sie aus? Sie sollten in jedem Fall nicht übertreiben, also nicht: „Die KatzEN kratzEN …"

Sprechen Sie auch diese Verse aus dem „Kleinen Hey", um das K zu trainieren: 65

*Kummerkrank kauernd –
kaum karge Kost,
Krummgeknebelt – kalte Kette
des Kerkers;
Keine Kunde vom kranken Kinde –
Kommt kecker Kerl und kündet
Kühnem Krieger künft'gen Kampf!*

*Bepackt mit Rucksack,
Geneckt im Zickzack –
Blick' nur keck zurück,
Trink' 'nen Schluck dem Glück!
Denk' was drückt und zwickt,
Schicksals Tücke schickt!*

Julius Hey

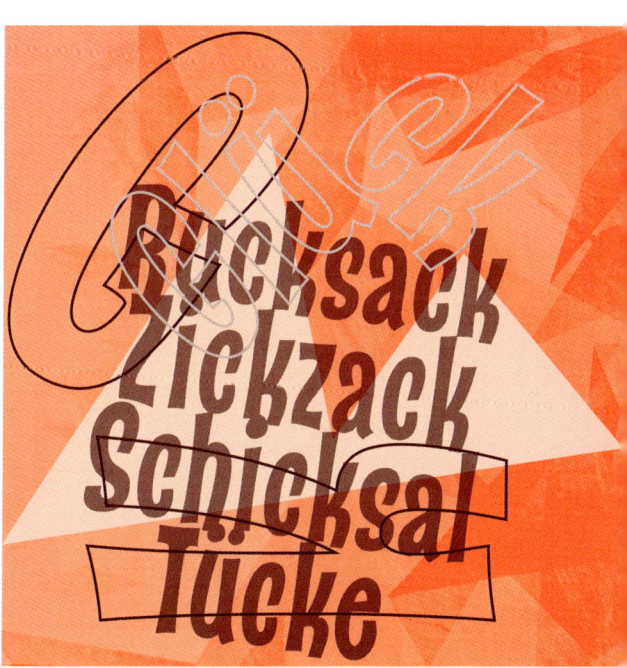

VI Die Laute und ihre Artikulation

Im folgenden Klassiker geht es um den Wechsel von K zu P. Das C wird hier wie K ausgesprochen:

Der Cottbuser Postkutschenkutscher putzt den Cottbuser Postkutschenkasten und der Potsdamer Postkutschenkutscher putzt den Potsdamer Postkutschenkasten.

Bei der Bildung des G ist der Zungendruck weicher und lockerer und der Nachhauch milder als bei K. Die gehobene Zungenfläche berührt die hintere Gaumenwölbung nur ganz leicht.

Info – Richtig – richtich?

Eine Besonderheit gibt es beim G, wenn es als Silbe „-ig" am Ende eines Wortes vorkommt. Dann wird ein „-ich" daraus:

ewig = ewich
einig = einich
völlig = völlich
Nicht: ewik, einik, völlik …

Bei Wörtern, denen die Silbe „lich" angehängt ist, wird das G aber sehr wohl gesprochen! Es heißt korrekt: „köniGlich", „ewiGlich" usw.

Versuchen Sie folgende Übungsgedichte:

Gar gnädig gibt Gott
Gaben an Geld und Gut;
Ganz gern gab Gregor der Große
Güter und Gold
Gegen Gottes Gnadengut hin.

Nach windigem schwindligem Weg,
Auf fährlich leichtbrüchigem Steg
Durch eckige, zackige Schlucht –
Welch unsäglich klägliche Flucht!

Julius Hey

Die Konsonanten

Die Aussprache des Q ist leicht, denn es handelt sich um nichts anderes als um KW. Die Lippen sollten dabei nicht zu sehr nach vorn geschoben werden, sonst wird aus „Qual" unerwünscht „Ku–wal". Das U hat im Q nichts zu suchen! Sprechen Sie: „Qual", „Quell", „quillt", „Quarz", „quirlen".

Versuchen Sie nun diesen Übungsvers:

*Erquickende Quelle quillt
quirlend empor.
Quiekende Quinten quälen
quengelnde Quäker.*

D und T bilden auch ein „Geschwisterpärchen", da sie sehr ähnlich klingen. Das T ist hart und völlig stimmlos, D dagegen weicher und stimmhaft. Das Ansetzen der Zunge zum D oder T ist einfach (außer bei Zahnlücken): Die gehobene Zungenspitze schiebt sich gegen die Vorderzähne und den Gaumen so weit vor, dass ein deutlich spürbarer Verschluss entsteht.

Zwei Übungen dazu aus dem „Kleinen Hey": 67

*Betet, danket, darbet, duldet!
Nicht entrückt durch töricht Denken,
Nicht enttäuscht, verderbt durch Welttand,
Trifft der Tod dich nicht dort drüben.*

*Fort mit der Demut dürft'ger Tracht!
Nicht deucht dich's dumm und töricht doch,
Dass dort der düst're Tod dir droht,
Der tobend dröhnt und leicht dich trifft! –
Tappst taumelnd, nicht denkend der Tat, du Tor –
Traust dumm und träumend dem dürft'gen Trott,
Der töricht Tausend' drängt und treibt! –*

Julius Hey

VI Die Laute und ihre Artikulation

Beim D liegt die Zungenspitze am Zahndamm, kurz hinter den Schneidezähnen. Es wird durch den Luftdruck sozusagen weggeschubst: D-D-D.

Versuchen Sie folgenden Übungssatz:

Du da, die du dir den da erwählt hast und du da, der du dir die da erwählt hast.

Das Beispiel trainiert das D in Kombination und schneller Folge mit fast allen Vokalen.

Wenn es Ihnen gar nicht gelingen will, üben Sie das D erst einmal einzeln – und dann mit Vokalen. Versuchen Sie es immer wieder! Der Unterkiefer bewegt sich jedes Mal:

da-da-da ...
do-do-do ...
du-de-di ...

Das D soll zwar stimmhaft, aber trotzdem nicht zu dick und schwer gesprochen werden. Sprechen Sie den nächsten Satz zuerst langsam und dann immer schneller und in verschiedenen Rhythmen. Erst dann macht es richtig Spaß:

Der dicke Dachdecker deckte dir dein Dach. Drum dank dem dicken Dachdecker, dass der dicke Dachdecker dir dein Dach deckte.

Wenn Sie dies geübt haben, ist es nicht mehr so schwierig, die folgenden Sätze schnell und flüssig auszusprechen – zuerst langsam und im Anschluss daran etwas schneller:

Ist das die, die dir die Unterlagen gegeben hat? Das sind die Dinge, die die DDR betrafen.

Abschließend ein Übungsvers aus dem „Kleinen Hey": 68

Da du dir doch den Dank durchdacht,
Den Dido durch den Dolch dort duldet! –

Julius Hey

Beim T stößt sich die Zungenspitze explosionsartig vom oberen Gaumen ab. Ihr Unterkiefer geht dabei kurz und schnell nach unten – ohne jede Atemluft. Im Vergleich zum D entsteht das T durch mehr Druck. Die Explosionswirkung ist dadurch stärker.

Machen Sie das T komplett „dicht", damit es nicht von der Atemluft „weggeweht" wird: Das erreichen Sie dadurch, dass Sie eine Art „Spuckgeräusch" des T nur mit Ihrer Zunge machen.

Achten Sie darauf, das auslautende T (also das T am Ende eines Wortes) zwar kraftvoll hörbar auszusprechen, aber ohne einen Hauch danach! Vorsicht also: „Kraftt", nicht „Krafthhhh".

Dieser Übungsvers aus dem „Kleinen Hey" übt die Verbindung T mit R:

Trutzig trägt, trotz träufelnder Tränen,
Trägem „Trumm trumm"
trauter Trommeln,
Treue Truppe – trüb und trostarm –
Traun, der Trennung traur'ge Trübsal!

Julius Hey

Konzentrationsübungen

Zum Abschluss des Lautkapitels finden Sie Zungenbrecher, die Ihre Konzentration in hohem Maße auf ganz unterschiedliche Weise herausfordern. Hier haben Sie Gelegenheit, Ihre Aufmerksamkeit zu schulen und noch einmal all das, was Sie gelernt haben, zu üben.

Zungenbrecher trainieren auf beste Art und Weise die Koordination Zunge – Gehirn. Wenn Sie nur für den Bruchteil einer Sekunde abgelenkt sind, geht es sofort schief – und zwar bei jedem.

Beim ersten Vers üben Sie P, F sowie D, T und CH, CK im Wechsel. Wichtig: -ig am Ende des Wortes wird wie „-ich" gesprochen (siehe S. 130).

*In dem dichten Fichtendickicht
pickten dicke Finken tüchtig.*

Haben Sie P und F oder CH und CK vertauscht? Dies passiert schnell, wenn Sie beim Sprechen nicht mitdenken. Egal wie gut Sie artikulieren oder wie schön Ihre Stimme klingt, wenn Sie das, was Sie sagen, nicht gleichzeitig auch denken (also mit Kopf und Herz dabei sind), entstehen solche Fehler.

Hier ein Zungenbrecher, der sich auch als Partygag hervorragend eignet. Beanstanden Sie hier bitte nicht die Logik.

*Der Whiskeymixer mixt den Whiskey
für den Whiskeymixer.
Für den Whiskeymixer mixt der
Whiskeymixer den Whiskey.*

SK und X verwechselt hier fast jeder – gesprochen wie SK und KS, also: WhiSKeymiKSer.

Konzentrationsübungen

Der folgende Zungenbrecher trainiert X, CH und SK: (69)

Max macht Wachsmasken.
Was macht Max?
Wachsmasken macht Max.
Max: „Wenn du Wachsmasken magst,
dann mach Wachsmasken!"

Macht bei Ihnen Max „Wachsmaxen" oder „Wachsmasken"? Versuchen Sie den Vers zuerst langsam und dann immer schneller.

• •

Schwierig ist auch: (69)

Wachsmaske – Messwechsel

Sprechen Sie die beiden Worte erst einmal langsam und gleichmäßig nacheinander, dann mehrmals hintereinander immer etwas schneller!

Hilfreich ist es, sich die beiden Begriffe vorzustellen. Bei „Wachsmaske" ist die Vorstellung einfach. Unter „Messwechsel" können Sie sich einen Messbecher aus der Küche vorstellen, den Sie austauschen. Vielleicht denken Sie auch an die Messdiener im Gottesdienst. Wichtig ist nur, dass Sie sich beim Aussprechen eines schwierigen Wortes ein eigenes Bild im Kopf machen.

• •

Im Folgenden ein bekannter Klassiker:

Blaukraut bleibt Blaukraut und
Brautkleid bleibt Brautkleid.

Hier will das R vermutlich nicht so, wie Sie wollen, oder? Versuchen Sie es noch einmal – und gleich noch einmal schneller.

• •

Und hier noch zwei weitere Herausforderungen: (70)

Der Flugplatzspatz nahm
auf dem Blatt Platz.
Auf dem Blatt nahm der
Flugplatzspatz Platz.

Sie können es sich auch noch ein bisschen schwerer machen:

Der Flugplatzspatz nahm
auf dem Flugplatzblatt Platz.
Auf dem Flugplatzblatt nahm
der Flugplatzspatz Platz.

VII Betonungen richtig setzen

> Oft habe ich meine Rede bedauert,
> nie mein Schweigen.
>
> Publilius Syrus,
> römischer Autor

VII. Betonungen richtig setzen

Beim Sprechen haben Sie die Möglichkeit, Silben und Worte so hervorzuheben, dass Sie besser verstanden werden. Eine gute und treffsichere Betonung bietet Ihnen und denjenigen, die Ihnen zuhören, eine große Orientierungshilfe. Zuhörer können ja nicht – wie beim eigenen Lesen – eine Stelle, die sie nicht gleich verstanden haben, im Text schnell noch einmal nachsehen.

Kennen Sie das bekannte Beispiel „Blumento-Pferde" statt „Blumentopferde"? Daran erkennen Sie, wie wichtig es ist, die Betonung auf die richtige Stelle im Wort zu legen.

Sagen Sie einmal laut:
„Wirf mir die Schlüssel rüber!"
Sie haben sicherlich nicht das Wort „mir" betont. „Schlüssel" ist hier das „Schlüsselwort".

Dem Wörtchen „mir" hätten Sie nur dann einen hörbaren Akzent gegeben, wenn man Sie gefragt hätte, *wem* die Schlüssel zugeworfen werden sollen.

In unserer Alltagssprache machen wir in der Regel fast immer alles richtig, ohne darüber nachzudenken. Doch sobald wir etwas vorlesen oder vortragen, werden wir hinsichtlich der zutreffenden und sinnvollen Betonung unsicher. Auf welches Wort kommt es an? Wo liegt die Kernaussage in einem Satz?

Sicherlich ist Ihnen die Wendung, dass man manchmal „vor lauter Bäumen den Wald nicht mehr sieht", vertraut. Betonungen zeigen Ihrem Gegenüber, wo Ihre „wichtigen Bäume" im Wald der vielen Wörter stehen …

Unterschiedliche Betonungsarten

Mit unterschiedlichen Betonungsarten können Sie in einem gesprochenen Satz klare Akzente setzen und das, worauf es ankommt, hörbar hervorheben. Variieren Sie! Nehmen Sie im Wechsel mal die eine und mal die andere Betonungsart. Kombinieren Sie auch untereinander. Spielen Sie damit! Das macht Ihren Vortrag interessant und dynamisch.

- Betonen über die **Tonhöhe**:
  Das Wort mit dem Schwerpunkt wird höher oder tiefer als die anderen ausgesprochen. Achten Sie auf Ihre Sprechmelodie! „Singen Sie nicht immer dasselbe Lied."

- Betonen über das **Tempo**:
  Das Wort, auf das es ankommt, wird schneller oder langsamer gesprochen. Sie können einen Satz auch flott beginnen und plötzlich langsamer werden, um dann auf den Begriff zu kommen, um den es geht. Sprechen Sie folgenden Satz:
  „Zu Nebenwirkungen (schnell gesprochen) *fragen Sie bitte* (etwas langsamer gesprochen) *Ihren Arzt oder Apotheker!"* (ganz langsam).

- Betonen über die **Lautstärke**:
  Die Hauptbetonung wird hörbar, indem das Wort leiser oder lauter gesprochen wird. Mit anderen Worten: Mal geben Sie mehr Atemdruck, mal weniger.

- Betonen mit **Zäsuren** (Mini-Pausen): Jedes Musikstück und auch jeder gesprochene Text lebt von dem Ausdruck, den ihm der Interpret bzw. der Vortragende verleiht. Neben den genannten Betonungsarten gehören auch bewusst gesetzte kurze Unterbrechungen dazu.

Pausen schaffen eine erkennbare und wahrnehmbare Struktur im gesprochenen Text. Wenn Sie *vor* einem wichtigen Begriff (z. B. vor einem Namen oder vor einer Zahl) kurz innehalten, bekommt das Wort eine größere Bedeutung. Sie brauchen weder die Tonhöhe des Wortes zu verändern, noch müssen Sie langsamer, schneller oder gar lauter werden. Die kleine Pause allein genügt bereits, um Ihrer Aussage die gewünschte Wichtigkeit zu verleihen.

- Probieren Sie es aus. Bleiben Sie in derselben Lautstärke, wenn Sie sagen: (71)

  „Die Kosten für das Großprojekt betrugen (kleine Pause) *600.000 Euro."*

  „Meine Damen und Herren, hier ist die (kleine Pause) *Micky Maus!"*

Zur Vortragsvorbereitung

Als gute Vorbereitung auf einen Vortrag können Sie sich – handschriftlich – Ihre ganz persönlichen Zeichen in einen ausgedruckten Text eintragen, z. B. Zeichen
- für Hauptbetonungen (pro Aussage eine Betonung),
- für Nebenbetonungen (davon kann es mehrere in einer Aussage geben),
- für „gesprochene Bögen", also für Wortpassagen, die zusammenhängend ohne Pause gelesen werden sollen.

Darüber hinaus können Sie auch Symbole in den Text eintragen, z. B.
- ein Smiley für Stellen, an denen Sie lächeln möchten,
- ein Auge für Stellen, an denen Sie den Blick zum Publikum wenden wollen.

Erläuterung:

Dicke Punkte •
= Hauptbetonungen. Was wichtig und neu ist, erhält eine Hauptbetonung: Der Ton der Stimme geht nach unten.

Kleine Schrägstriche /
= Nebenbetonungen. Es darf mehrere Nebenbetonungen in einem Sinnschritt geben: Leichtes Verändern der Tonhöhe oder ein etwas schnelleres oder langsameres Lesen.

Bögen ⌒
= zusammenhängende Aussagen bzw. Sinnschritte. Für jeden Sinnschritt gibt es eine Hauptbetonung.

Senkrechte Striche | = Pause

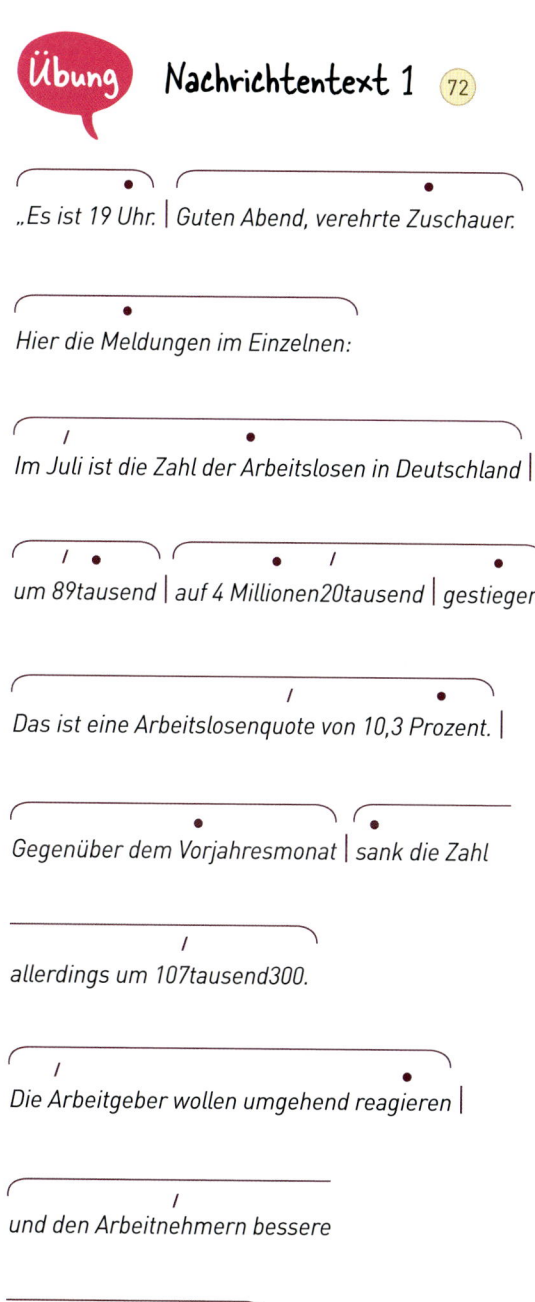

Übung Nachrichtentext 1 72

„Es ist 19 Uhr. | Guten Abend, verehrte Zuschauer.

Hier die Meldungen im Einzelnen:

Im Juli ist die Zahl der Arbeitslosen in Deutschland |

um 89tausend | auf 4 Millionen20tausend | gestiegen.

Das ist eine Arbeitslosenquote von 10,3 Prozent. |

Gegenüber dem Vorjahresmonat | sank die Zahl

allerdings um 107tausend300.

Die Arbeitgeber wollen umgehend reagieren |

und den Arbeitnehmern bessere

Bedingungen gewähren."

VII Betonungen richtig setzen

Die wichtigsten Regeln

- Seien Sie äußerst sparsam mit Ihren Betonungen. Stellen Sie sich vor, sie wären sehr teuer.

- Jede Aussage in einem Satz hat nur einen einzigen Schwerpunkt und damit auch nur eine einzige Betonung. Beispiel: (73)
  *„Ich sehe ein **Haus**."*

- Jede Aussage wird in einem nahtlosen Bogen gesprochen. Es gibt keine Unterbrechungen zwischen den Worten.

- Mehrere Aussagen hintereinander werden durch kleine Pausen (P) getrennt. Beispiel:
  *„Ich sehe ein **Haus** (P) und da ist **noch** eins."*

  Nachdem ein Begriff (das Haus) vorgestellt wurde, wird nur noch die Eigenschaft hervorgehoben. Beispiel: *„Das Haus ist **grün**."*

- Veränderungen, Gegensätze und Widersprüche zur ersten Aussage werden betont. Beispiel:
  *„Ich sehe noch **andere** Häuser. Ich sehe **rote**, **blaue** und **gelbe**."*

- Sind mehrere Möglichkeiten denkbar, entscheiden Sie sich für die Betonung, die Ihnen wichtiger erscheint!

  Version A:
  *„Ich denke aber, vielleicht **sind** es keine Häuser."*

  Version B:
  *„Ich denke aber, vielleicht sind es **keine** Häuser."*

- Einheiten wie Kilogramm, Uhr, Meter, Stunden, Monate, Jahre usw. erhalten immer die Betonung. Beispiel:
  *zwei **Kilogramm**, vier **Jahre**.*

  Erst bei Änderungen und Unterscheidungen werden die Zahlen betont. Beispiel:
  *„Es sind aber **zwei** Kilo und **drei** Jahre."*

  Wichtig ist, dass Sie die Zahlen immer deutlich aussprechen, auch wenn sie nicht betont werden.

- Bei Worten, die aus mehreren Begriffen zusammengesetzt sind, wird immer der erste Begriff betont. Beispiele:
  ***Jäger**schnitzel,*
  ***Rauch**zeichen,*
  ***Wochen**arbeitszeit,*
  ***Muskel**faserriss,*
  ***Arbeit**nehmer.*

- Verneinungen (wie „nicht" oder „kein") werden nur bei Widersprüchen oder trotzigen Antworten hervorgehoben. Beispiel:
  *„Der Wein ist nicht **gut**."*

  Hier sollte nur das Wort „gut" betont werden, nicht das Wort „nicht".

  Wenn aber jemand zu Ihnen sagt: „Der Wein ist doch gut", widersprechen Sie, indem Sie (ganz bewusst) das „nicht" hörbar herausheben:
  *„Der Wein ist **nicht** gut."*

  (74)

  Auch bei Aussagen wie *„Das ist kein **Ball**!"* oder *„Ich gehe nicht ins **Kino**!"* bleibt die Betonung auf dem Hauptwort.

  Nur bei trotzigen Antworten heißt es: *„Nein, das ist **kein** Ball!"*, *„Nein, ich gehe **nicht** ins Kino!"*

VII Betonungen richtig setzen

- Wird bei zusammengesetzten Worten ein Gegensatz direkt im Anschluss hervorgehoben, ändert sich (zur deutlichen Unterscheidung) auch die Betonung im Wort. Beispiel:
  *„Die **Arbeit**nehmer und die Arbeit**geber** ..."*

- Bei Überschriften, feststehenden Begriffen, Titeln oder Aussprüchen, die aus drei Worten bestehen, wird immer das letzte Wort betont. Beispiele: (75)
  *Der große **Gatsby**,*
  *Das große **Rennen**,*
  *Der letzte **Schrei**,*
  *Das Weiße **Haus**.*

- Bei manchen Worten gibt es Eigenheiten. Diese Wörter haben ihre Betonung immer auf der ersten Silbe. Beispiele: (76)
  ***Ro**boter,*
  ***Te**lefon,*
  ***Mo**tor,*
  ***Mo**torrad.*

- Bisweilen gibt es zwei korrekte Möglichkeiten, ein Wort zu betonen, und es stellt sich die Frage: Wann betonen Sie auf der ersten Silbe und wann auf der zweiten? Die Antwort ist einfach: Es kommt darauf an, um was es geht. Beispiel:

Angenommen Sie wären Meteorologe und sollten im Radio die Wetteraussichten vortragen. Wie würden Sie im Folgenden das Wort „frostfrei" betonen? (77)

„Es ist zwar bitterkalt, aber es bleibt frostfrei!"

In diesem Fall wird **frost** betont. Das bedeutet, dass nicht mit Frost zu rechnen ist. Aber:

„Heute Morgen war es spiegelglatt, aber im Laufe des Tages wird es frostfrei sein."

Hier liegt die Betonung auf **frei**, weil so der Unterschied zu vorher („spiegelglatt") hervorgehoben wird.

Übung "Ich habe Hunger." (78)

Versuchen Sie jetzt im Kopf oder auf dem Papier einige Sätze zu formulieren, um die Betonung zu trainieren. Sehr wichtig ist es, verständliche Sätze mit sinnvollem Inhalt zu bilden.

- Sie sagen zum Beispiel:
  „Ich habe Hunger."
  Da das Wort „**Hunger**" in diesem Fall die Hauptaussage verkörpert, wird es zum Schwerpunkt – und erhält einen hörbaren Akzent. Sie gehen also bei „Hunger" mit der Stimme rauf oder runter, sprechen leiser oder lauter, schneller oder langsamer.

- Ein Satz kann aus mehreren Teilen bestehen, die jeweils eine eigene Aussage haben. „Packen Sie also Päckchen" mit Worten, die zusammengehören. So trennen Sie hörbar eine Aussage von der anderen. Das hat zwei Vorteile: Sie haben kurz Zeit zu überlegen, wie es weitergeht, und Ihr Gegenüber erhält die Gelegenheit, sich im Kopf ein Bild von dem Gesagten zu machen.

- Innerhalb der Päckchen dürfen Sie keine Pause machen. Diese würden nur stören und den Sinn zerstören.

  Sprechen Sie:
  „Ich habe Hunger (Päckchen), *gehe in die Küche* (weiteres Päckchen), *öffne den Kühlschrank* (weiteres Päckchen) *und hole mir etwas zu essen heraus* (letztes Päckchen)."

- Wie gesagt: Wenn Sie alles betonen, betonen Sie gar nichts. Ihre Zuhörer können dann nicht heraushören, um was es Ihnen geht. Geben Sie jeder Aussage nur eine Hauptbetonung!

  Sprechen Sie also:
  *„Ich habe **Hunger**, gehe in die **Küche**, öffne den **Kühlschrank** und hole mir etwas zu **essen** heraus."*

VII Betonungen richtig setzen

 **„Das ist ein Haus."**

- Sagen Sie nun: *„Das ist ein Haus."*
Haben Sie das Wort „**Haus**" hervorgehoben? Das ist richtig. Und wie haben Sie das gemacht? Ging Ihre Stimme am Ende runter? Voraussichtlich kam der tiefste Ton am Ende des Satzes und vermutlich war er auch am lautesten, denn es geht ja um das Haus.

- Jetzt stellen Sie sich vor, Sie schwärmen von diesem Gebäude und sagen:
„Na, das ist vielleicht ein Haus!"
In diesem Fall würde man das Wörtchen „**das**" mit einer Betonung versehen. Das Wort „**ist**" zu betonen wäre aber auch richtig. Entscheidend ist, dass Sie immer nur ein Wort pro Aussage betonen.

- Stellen Sie sich nun vor, dass Sie durch eine dunkle Gegend fahren und die Villa eines Freundes suchen. Plötzlich rufen Sie:
„Da ist ja das Haus!"
Selbstverständlich wird in diesem Fall das „**ist**" betont. „**Da**" wäre auch in Ordnung.

- Und wenn Sie gefragt würden, ob es ein Wohnwagen sei, in dem Ihr Freund lebt, antworten Sie vielleicht:

„Nein, es ist ein Haus."
Die Betonung liegt hier wieder auf dem letzten Wort „**Haus**" – und zwar nur da.

- Letztes Beispiel dazu: Frage:
„Sind es mehrere Gebäude?"
Antwort: *„Nein, das ist ein Haus!"* – mit Betonung auf „**ein**".

Durch die unterschiedlichen Betonungen verschiebt sich die Bedeutung im Satz.

 **Verinnerlichen**

Wann immer Sie einen Text vortragen, lesen Sie ihn vorher aufmerksam durch – erst einmal im Stillen für sich, dann noch einmal laut. So bekommen Sie nach und nach einen Bezug zum Inhalt und zu den Stimmungen im Text.

Sie erkennen, worum es geht, und welche Aussage sich auf eine andere Aussage im Text bezieht. Und Sie entdecken, welche Stellen gegenüber anderen hörbar herausgehoben, also betont werden sollten.

Aus den jeweiligen Verhältnissen der Begriffe zueinander ergibt sich eine Textstruktur – und folglich eine sinnvolle Betonung.

Übungen

Übung Nachrichtentext 2

- Sprechen Sie nun den Satz:
  „Bei dem Streik haben die Arbeitnehmer drei Prozent mehr verlangt. Die Arbeitgeber jedoch bieten nur zwei Prozent."

Da ja immer nur *das* zu betonen ist, was anders oder neu ist (also im Gegensatz zu etwas anderem steht), hört sich das dann so an:

*„Bei dem Streik haben die **Arbeit**nehmer drei **Prozent** mehr Geld verlangt, die Arbeit**geber** jedoch bieten nur **zwei** Prozent."*

Erläuterung:

- Im ersten Satz wird bei „**Arbeit**nehmer" zunächst nur der erste Teil betont, da bei zusammengesetzten Hauptworten grundsätzlich nur das erste Wort herausgehoben wird.

- Im darauffolgenden Satz steht der Begriff „Arbeitgeber" zu „Arbeitnehmer" in einem direkten Bezug. Also wird – zur hörbaren Unterscheidung – der zweite Teil des Wortes betont: „Arbeit**geber**". So können Sie die Gegensätze im Text deutlich machen.

- Um klarzustellen, dass die Arbeitnehmer nicht drei „Grad" oder „Kilometer" mehr haben wollen, betonen Sie bei der ersten Erwähnung das Wort „**Prozent**".

- Im folgenden Satz wissen Ihre Zuhörer bereits, dass es sich um Prozente handelt. Daher braucht dieses Wort jetzt nicht mehr betont werden. Folglich machen Sie nur noch die neue, andere Zahl deutlich, die sich – in Bezug auf die erste Aussage – geändert hat: „**zwei** Prozent".

VII Betonungen richtig setzen

Übung: Betonungen trainieren mit Lottozahlen

Jetzt kommt eine einfache Übung, um das Prinzip einer sinnvollen Betonung zu verstehen.

- Angenommen, Sie müssten im Radio oder im Fernsehen die Lottozahlen verkünden. Ihre Aufgabe ist es, die Zahlen so vorzulesen, dass der Hörer schnell wahrnehmen kann, wo sich die Einer- oder die Zehnerstellen ändern: „14 – 15 – 25 – 26 – 36 – 45." (80)

Bei jeder Zahl sollte der Ton Ihrer Stimme am Ende nach unten gehen. Sie werden feststellen, dass dies gar nicht so einfach ist. Die Macht der Gewohnheit lenkt unsere Stimme automatisch immer nach oben. Versuchen Sie deshalb ganz bewusst, Ihre Stimme am Ende eines Wortes zu senken – wie bei einem Punkt am Satzende.

Tipp: Sprechmelodie im Griff?

Die Stimme am Ende eines Wortes zu senken, ist eine gute Übung für alles, was Sie sprechen. Natürlich ist es völlig in Ordnung, wenn der Ton Ihrer Stimme ab und zu mal nach oben geht. Wichtig aber ist die Erfahrung, dass Sie Ihre Sprechmelodie in den Griff bekommen können.

- Nehmen Sie jetzt die unterschiedlichen Betonungen in der Zahlenreihe „unter die Lupe". Zur Erinnerung: Nur was neu ist, erhält eine Betonung, was bereits erwähnt wurde, dagegen nicht mehr. Stellen Sie die erste Zahl **14** mit Ihrer Stimme stolz in den Raum – so, als ob Sie eine Person vorstellen, die gerade hereinkommt!

- Die **15** hat etwas Neues: Aus der 4 (in 14) wurde eine 5 (in 15). Daher wird jetzt die 5 betont. Das tun Sie, indem Sie der 5 einen höheren Ton geben und sie etwas lauter sprechen: „**fünf**zehn".

Übungen

- Nach den 10ern (14 und 15) kommen die **20er** (25 und 26) an die Reihe. Diesen Wechsel machen Sie hörbar, indem Sie bei der 25 mit der Betonung auf „fünfund**zwanzig**" gehen.

- Jetzt sind Sie bereits in den 20ern. Daher wird nun der Wechsel in den **Einer**stellen herausgehoben: In der 26 erhält hier nur die 6 eine Betonung: „**sechs**undzwanzig".

- Was ändert sich jetzt? Es geht zu den **30ern:** Also wird in 36 nur die Dreißigerstelle betont: „sechsund**dreißig**".

- Wo wird die 45 betont? Nur auf der Vierzigerstelle, da diese neu ist: „fünfund**vierzig**".

- Sprechen Sie jetzt noch einmal diese Zahlenreihe:
  „*14 – 15 – 25 – 26 – 36 – 45.*"

- Vergessen Sie nicht, am Ende jeder Zahl mit dem Ton Ihrer Stimme nach unten zu gehen.

VIII. Checkliste

Betrachten Sie diesen Ausklang wie den Abspann eines Spielfilms, in dem die wichtigsten Szenen noch einmal vor Ihren Augen vorbeiziehen:

- Es ist nie nur die Stimme allein, die uns hinhören lässt. Es ist vielmehr all das, was jemand aus einem Text „hervorzaubert".

- Ihre Persönlichkeit, Ihre Stimmungen und Ihr unverwechselbarer Charakter spiegeln sich im Klang Ihrer Stimme wider.

- Finden Sie Ihren eigenen Sprechstil! Versuchen Sie nicht, jemand anderes zu sein.

- Bereiten Sie sich gut auf Ihre Texte und die Inhalte vor, die Sie vortragen werden. Nichts ist peinlicher, als in der Öffentlichkeit falsche Aussagen zu machen.

- Informieren Sie sich vor Ihrer Rede über die korrekte Aussprache von Begriffen oder Namen (Internet).

- Versuchen Sie, vor Ihrem Auftritt Stress zu vermeiden. Falls Sie einen Vortrag halten sollen, seien Sie unbedingt rechtzeitig da, um sich auf die Bedingungen vor Ort einzustellen.

- Seien Sie mutig, stolz und selbstbewusst, aber nicht überheblich. Haben Sie keine Angst vor sprecherischen Herausforderungen. Trauen Sie sich!

- Stellen Sie sich auf Ihr Publikum ein (Alter, Bildungsstand usw.) und versuchen Sie, sich sprachlich nach Ihren Zuhörern zu richten.

- Gehen Sie mit Ihrer Stimme aus sich heraus, denken Sie sich zu Ihren Hörern hin.

- Wenn Ihnen während Ihres Vortrags etwas nicht mehr einfällt, lassen Sie es einfach weg. („Was das Publikum nicht weiß, macht es nicht heiß!")

- Wenn Sie sich einmal versprechen, „geht die Welt nicht unter". Machen Sie einfach weiter, als ob nichts gewesen wäre. Fangen Sie nicht wieder ganz von vorn an!

Checkliste

- Wenn Sie während eines Auftritts nervös werden, atmen Sie achtsam und bewusst in den Bauch!

- Lächeln Sie, auch wenn Ihnen vielleicht im Moment nicht danach zumute ist. Ein leichtes Lächeln fühlt sich gut an und Sie wirken wacher und engagierter.

- Denken Sie daran, dass Worte und Sätze nicht gesungen werden und doch ihre eigene Melodie haben. Damit vermitteln Sie Gefühle.

- Betonen Sie sparsam und immer nur das, was wichtig ist.

- Bleiben Sie in der Sprache, aber auch im Körper lebendig! Der ganze Mensch ist am Sprechen beteiligt.

- Setzen Sie Ihre Mimik ein. Auch Ihre Augen sollten ausdrücken, was Sie sagen wollen.

- Nutzen Sie Ihre eigenen Erlebnisse und Gefühle, um diese beim Sprechen passender Situationen wieder abzurufen.

- Man hört Ihnen gern zu, wenn Sie selbst gut zuhören können. Sie machen andere neugierig, wenn Sie selbst neugierig sind. Sie wirken interessant, wenn Sie sich selbst interessieren – für das, was Sie vorlesen, und für die, denen Sie etwas vorlesen.

- Ihr Abgang (nach einer kurzen Pause) ist bewusst und genauso energievoll wie Ihr Auftritt.

- Vergegenwärtigen Sie sich immer wieder Folgendes: Sie haben gelernt, deutlich zu artikulieren und Sie kennen den besten Klang der Laute des Alphabets. Sie haben lange trainiert, damit Ihre Zunge genau die Punkte in Ihrem Mund trifft, die das gewünschte „Geräusch" formen, das Ihnen zu einer guten Aussprache verhilft. Setzen Sie das, was Sie sich erarbeitet haben, ein!

Anhang

Zum Schluss ...

möchte ich mich noch kurz vorstellen.

Seit über dreißig Jahren bin ich Nachrichtensprecher beim Fernsehen. Mit großer Wahrscheinlichkeit haben Sie meine Stimme schon einmal gehört.

Bereits während meiner Kindheit und Jugend war ich vom Radio begeistert – von der Musik und vor allem von den Stimmen der Sprecherinnen und Sprecher in den Hörspielen.

Irgendwann fing ich an, mit einem Aufnahmegerät meine eigenen kleinen „Radiosendungen" zu machen – für meine Freunde, Eltern und, um meiner Freundin zu imponieren ...

Andere Kinder in meinem Alter wollten Zirkusdirektor oder Astronaut werden. Ich hatte nur einen großen Traum: Ich wollte zum Radio.

Zirkusdirektor zu werden, ist schon nicht einfach, Astronaut auch nicht. Und einen Job als Sprecher beim Radio bekommt man auch nicht „einfach so". Zu viel Konkurrenz, zu wenig Bedarf.

Schließlich brachte eine mehrjährige Ausbildung bei verschiedenen Schauspiellehrern den Erfolg und ich konnte mein Hobby zum Beruf machen.

Als ich in den Gängen einer New Yorker U-Bahn-Station einmal vor mich hinträllerte, sprach mich ein Passant an und fragte, ob man mich als Sänger buchen könne. Seitdem trete ich nebenbei auch als Jazz-Interpret auf – in Bars, auf Partys und in öffentlichen Konzerten.

Zum Schluss ...

Inzwischen blicke ich auf ein erfülltes Berufsleben als Sprecher zurück. Meist waren es die unbequemen „Nachrichten", die ich Ihnen im Radio und Fernsehen vorgelesen habe.

Aber unabhängig davon, wie schlimm die Meldungen auch waren: Ich habe immer versucht, eine gewisse Wärme und damit etwas Tröstliches in meine Stimme zu legen ...

www.elmarbartel.de

Aus der Praxis

Bei jedem Vortrag ist die Konzentration auf den Moment entscheidend. Deshalb möchte ich Ihnen abschließend die Worte eines begnadeten Pianisten ans Herz legen, der einmal gefragt wurde, welches sein Lieblingsstück sei. Er antwortete:

„Es ist immer die Note, die ich gerade spiele."

So klingt's richtig

Sie sagen „Walzwerke" und alle verstehen „Waldzwerge"? Das kann lustig sein, aber auch zu Missverständnissen führen. In der folgenden Liste sind Wörter aufgeführt, die „Aussprache-Fallen" beinhalten.

Die Wortbeispiele sind unter dem Laut eingeordnet, der Schwierigkeiten birgt. Einige Wörter tauchen wiederholt auf, da sie unterschiedliche „Fallen" aufweisen. Manchmal haben Begriffe ihren Ursprung in einer anderen Sprache – dies ist jeweils markiert.

Lesen Sie die Wörter aus der folgenden Liste laut vor. Mit den Hörbeispielen auf der beigefügten CD können Sie überprüfen, ob Ihre Aussprache der „deutschen Sprechnorm" entspricht. Es geht hier nicht darum, makellos zu sprechen, sondern darum, gut verstanden zu werden.

A (81)

Afrika
Los Angeles (engl.)
Reaktion
warten

Ä (81)

ähnlich
Fädchen
Gerät
lädt
Mädchen
Märchen
März
nämlich
Qualität
sähen
spät

B (81)

Blatt Papier
Blattlaus
Blätterwald
Blau
Blinklicht
Blume
Bremen
Britta
Bruder
haben
Leben
lieben

C (81)

Accessoire (franz.)
Holocaust
Necessaire (franz.)

So klingt's richtig

82 — CH

Bärchen
ein bisschen
Blechschüssel
Chance
Charisma
Charme
chartern
Chassis (franz.)
Chaussee (franz.)
Chemie
Chianti (ital.)
Chief (engl.) / Chef
Chiemsee
China
Cholesterin
Csárdás (ungar.)
gleich
Häuschen
der höchste Berg
manche Menschen
mächtig
Mädchen
Märchen
der Nächste, bitte!
Orchester
Psychologie
Recherche (franz.)
Schneewittchen
sicherlich
weich

82 — D

Detektiv
Didaktik
Drahtseilakt
Drama

83 — E

Amerika
beinhalten
Berg
Café (franz.)
der
eben
Ehe
Energie
Erde
Erz
Herbst
Kaffee
mehr
merken
New York (engl.)
oder
reanimiert
renommiert (franz.)
Reserve, reserviert (franz.)
Résumé (franz.)
Steak (engl.)
Telefon
werden

Anhang

F (83)

aufwendig
fünf
fünfhundertfünfundfünfzig

G (84)

beglaubigst du das
Blamage (franz.)
Einigkeit, einig
einzigartig
Etage (franz.)
Garage (franz.)
Genie (franz.)
Greis
Grimms Märchen
Ingenieur
König
königlich
Königreich
Montage (franz.)
notwendig
Regisseur (franz.)
richtig
riesig
röntgen, ich wurde geröntgt
Signal
vereinigt
Waggon (franz.)
wenig
wenigstens
wichtig

H (84)

gehen
Haute Couture (franz.)
Hebamme
Hommage (franz.)

I (85)

beinhalten
Detail
Fabrik
Gebirge
gibt's das
Gips
Hampshire (engl.)
inzwischen
irre
Irrtum
Mischung
Mittelgebirge
Physik
Politik
Schirm
siebzehn
siebzig
vier
vierte
Viertel
vierzig
wird
Wirtschaft
Zeremonie

So klingt's richtig

85 J
ja
Jalousie (franz.)
Jargon (franz.)
Jesus

85 K
lecker
Walzwerke

85 L
Detail (franz.)
Tequila (span.)

85 LL
Canaille (franz.)
Mallorca (span.)
Taille (franz.)
Tagliatelle (ital.)
Vanille (franz.)

86 M
Mammon
Mammut
Symphonie (griech.)

86 N
Ballon (franz.)
Einbahnstraße
Farben
nennen
Waggon (franz.)

87 O
Coup (franz.)
Citroen (franz.)
Journal (franz.)
Lamborghini (ital.)
Moll
Motor
Motorrad
New Orleans (engl.)
Ort
Ouvertüre (franz.)
Peugeot (franz.)
Pogrom (russ.)
Roboter
schon
Toilette (franz.)
Wort

87 Ö
Dörrobst
hören, gehört
Getöse
Möhre

P

Pfau
Pferd
Pfingsten
Polizei

Q

Qualität
Quarantäne (ital.)
quasi (lat.)

R

ärgern
Berg
Burg
Bürger
Dur
Erde
gern
harter Stahl
hören
merken
Mord
Pogrom (russ.)
warten
werden
Werk
wird
Wort

S

ausschließlich
Geisel
Geißel
Geißlein
Greis
Kreis
Kunststoff
Missverständnis
Nussmus
Passagier (franz.)
Regisseur (franz.)
Reis
Reise
Samt
sanft
Scheiße
sechs
seicht
Sex (engl.)
Software (engl.)
summen
weise
weiß
Wissenschaft

SCH

Fleisch
griechisch
Kirsche
Scherzo (ital.)
tschechisch

T

Cabaret (franz.)
Detektiv
Drama
Kabarett
selbstständig

U

Journal (franz.)
Musik
Ouvertüre (franz.)
Tour (franz.)
wurde

V

Eva
Evaluation (franz.)
evangelisch
Television
Vase
Verse
Version
verwirren
Viertel
virtuell (lat.)
Vision (lat.)

W

Kiew
Klein-Machnow
Pankow
Wahnwitz
Washington (engl.)
weich

X

Xanthippe (griech.)
Xylofon (griech.)

Y

Sisyphos (griech.)
Synonym (griech.)

Z

Zisterzienserkloster
Zisterne
Weisheitszahn

Verzeichnis der Körperübungen

Den Sprechraum entdecken

Wahrnehmung des Sprechraums 37
Lockerung des Kiefers 38
Die Lippentrompeten 39
Sensorische Wahrnehmung der Zunge 39
Training der Zungenmuskulatur 1 bis 3 ... 40, 41
Warm up für Lippen und Zunge 41

Haltung zeigen – Entspannung zulassen

Der bewusste Stand 44
Aufrechte Haltung: Die Marionette 45
Starke Ausstrahlung: Der Scheinwerfer 46
„Feine Haltung": Die Königin 47
Wohlfühlübung 48
Gedichte sprechen 49

Atmen kann jeder – oder?

Öffnen der Atemräume: Räkeln und Seufzen 52
Wahrnehmung der Atmung 54
Tiefatmung 1: An einer Rose riechen 55
Tiefatmung 2: Kerze auspusten 56
Rachenweitung 1: Gähnen 57
Rachenweitung 2: „Hänschen klein ..." 58
Atemstütze 1: „Blo-Bom-Bombe" 59
Atemstütze 2: Die Suppen-Kerzen-Übung ... 60
Reflektorische Atmung: Die Zeitungsübung ... 60

Die Stimme kennenlernen

Die Indifferenzlage 65
Klangübung für die Stimme 66
Stimmhygiene 68
Gegen Nasalität 68
Zungenübung zum Stimmsitz 69
Wahrnehmung des Brustkorbs:
Das Monster 70
Wahrnehmung des Stimmsitzes:
Der Fallschirm 70
Tragender Stimmklang 71
Gegen Monotonie 72
Körperresonanz: Die Glocke 74
Kraftstimme 1: „Hula-Hoop" 75
Kraftstimme 2: „Hau ruck" 76
Kraftstimme 3: „Nein!" 77
Kiefer-Lockerungstest 77

Literaturempfehlungen

Aderhold, Egon / Wolf Edith:
Sprecherzieherisches Übungsbuch,
2009 (Henschel)

Amon, Ingrid:
Die Macht der Stimme: Persönlichkeit durch Klang, Volumen und Dynamik, 2016 (Redline)

Aristoteles:
Rhetorik, herausgegeben und übersetzt von Gernot Krapinger, 1999 (Reclam)

Berendt, Joachim-Ernst:
Ich höre, also bin ich: Hör-Übungen. Hör-Inspirationen, 2009 (Traumzeit)

Bose, Indes / Hirschfeld, Ursula:
Einführung in die Sprechwissenschaft: Phonetik, Rhetorik, Sprechkunst, 2016 (Narr)

Der kleine Hey. Die Kunst des Sprechens
Nach dem Urtext von Julius Hey, bearbeitet von Fritz Reusch, 1997 (Schott Music)

Dyer, Wayne W. (Autor) /
Lieselotte Mietzner (Übersetzerin):
Der wunde Punkt. Die Kunst, nicht unglücklich zu sein, 2013 (Rowohlt)

Harris, Thomas A. / Brender, Irmela:
Ich bin o. k. – Du bist o. k. Wie wir uns selbst besser verstehen und unsere Einstellung zu anderen verändern können, 1975 (Rowohlt)

Henschel, Gerhard:
Zungenbrecher, 2017 (Tempo)

Koike, Ryunosuke:
Die Kunst des Nichtdenkens, 2015 (Piper)

Riesch, Anneliese:
Lebendige Stimme. Stimmbildung für Sprache und Gesang, 2008 (Schott Music)

Schmid, Wilhelm:
Mit sich selbst befreundet sein: Von der Lebenskunst im Umgang mit sich selbst,
2007 (Suhrkamp)

Schneider, Wolf:
Deutsch für junge Profis: Wie man gut und lebendig schreibt, 2011 (Rowohlt)

Schneider, Wolf:
Wörter machen Leute: Magie und Macht der Sprache, 2011 (Piper)

Verra, Stefan:
Hey, dein Körper spricht! Worum es bei Körpersprache wirklich geht, 2015 (Edel Germany)

Wachtel, Stefan:
Sei nicht authentisch!: Warum klug manchmal besser ist als echt, 2014 (Börsenmedien AG)

Wachtel, Stefan:
Sprechen und Moderieren in Hörfunk und Fernsehen, m. CD, 2009 (UVK)

Watts, Alan: *Die Illusion des Ich*,
1987 (Goldmann)

CD-Verzeichnis

① Ich liebe dich 21

② Ich lese diesen Absatz 22

③ Feuer! 56

④ Hänschen klein 58

⑤ Blo-Bom-Bombe! 59

⑥ Das Wetter soll 65

⑦ Hmmm, ist das lecker! 66

⑧ Brrrom – Brrrum 68

⑨ Tatütata! 68

⑩ Tli-Tlü 69

⑪ Bodododom 70

⑫ MmmoooNnnooo 71

⑬ Nicht räuspern, nur summen 71

⑭ Zuerst gehe ich einkaufen 72

⑮ Munung 74

⑯ Houw! Hey! Hula-Hoop! 75

⑰ Hol ran! 76

⑱ Nein!
(Christian Morgenstern) 77

⑲ Hörbeispiel mit schwacher kindlich-
weiblicher Stimme 78

⑳ Hörbeispiel mit kerniger fraulicher
Echt-Stimme 78

㉑ Das ist eine wunderbare Übung! 82

㉒ Wiese – Wissen, gib – Gips 85

㉓ I-E-Ä-A-O-Ö-Ü-U 85

㉔ Spitzfindig ist die Liebe
(Julius Hey) 86

㉕ Gemischten Gips 87

㉖ Verwirrung – Verwürrung 87

㉗ Fischers Fritz 87

㉘ Ob er aber über Oberammergau 89

㉙ Für die Probefahrt 89

㉚ Es streben der Seele Gebete
(Julius Hey) 90

㉛	Barbara saß nah am Abhang (Julius Hey) 91		㊸	Lang lauscht Lilli (Julius Hey) 105
㉜	ottos mops (Ernst Jandl) 93		㊹	Nun nahen neue Wonnen (Julius Hey) 106
㉝	Oben thront der Nonnen Kloster (Julius Hey) 94		㊺	Mir Armen im Kummer (Julius Hey) 107
㉞	Unter dunklen Uferulmen (Julius Hey) 95		㊻	Mmmhhh, das schmeckt! 107
㉟	wanderung (Ernst Jandl) 95		㊼	Wenn Männer den Mädchen (Julius Hey) 108
㊱	Ein steiles i, ein tiefes u (Hans Rasch) 96		㊽	Schwer heran braust Sturmeswetter (Julius Hey) 110
㊲	Mädchen, du kommst zu spät 97		㊾	Der greise Sänger 111
㊳	Grubengräber graben Gruben 97		㊿	Wir Wiener Waschweiber 112
㊴	Wer höhnt roh, wer stört so (Julius Hey) 98		51	Wie wär's wohl, wenn wir weilten (Julius Hey) 112
㊵	Über der Wüste düstere Gründe (Julius Hey) 99		52	Jubelnd, johlend und jauchzend (Julius Hey) 113
㊶	Mein Meister freit ein reizend Weib (Julius Hey) 100		53	Es zogen zwei Sänger (Julius Hey) 114
㊷	Was bedeutet heut' Geläute (Julius Hey) 101		54	Jetzt wetzt der Letzt' (Julius Hey) 116

Anhang

Nr.	Titel	Seite
55	Stündlich stöhnt der störr'ge Strolch (Julius Hey)	117
56	Wenn Schnecken an Schnecken	118
57	Nicht schlechte Wächter (Julius Hey)	120
58	Der Nächste bitte!	120
59	Ein chinesischer Chirurg	121
60	Steht ein Würmchen	122
61	Fischfrevler Franz fing frech (Julius Hey)	124
62	Nachrichtn, hattn, mittn	125
63	Bald bebt im Purpur die blonde Braut (Julius Hey)	126
64	Die polizei (Dieter Wyss)	127
65	Kummerkrank kauernd (Julius Hey)	129
66	Gar gnädig gibt Gott (Julius Hey)	130
67	Betet, danket, darbet, duldet (Julius Hey)	131
68	Da du dir doch den Dank (Julius Hey)	133
69	Max macht Wachsmasken	135
70	Der Flugplatzspatz	135
71	Die Kosten für das Großprojekt	138
72	Nachrichtentext 1	139
73	Ich sehe ein Haus	140
74	Das ist klein Ball!	141
75	Der große Gatsby	142
76	Roboter, Telefon	142
77	Es ist zwar bitterkalt	142
78	Ich habe Hunger	143
79	Das ist ein Haus	144
80	14 – 15 – 25 (Lottozahlen)	146
81	A, Ä, B, C,	152

CD-Verzeichnis • Mitwirkende

Mitwirkende der CD

82	CH, D	153
83	E, F	153f.
84	G, H	154
85	I, J, K, L, LL	154f.
86	M, N	155
87	O, Ö, P, Q	155f.
88	R	156
89	S, SCH	156
90	T, U, V	157
91	W, X, Y, Z	157

Alle Übungen und Texte, zu denen auf der CD kein Sprecher genannt wird, sind von Elmar Bartel eingesprochen.

- Elmar Bartel
- Nick Benjamin
- Simone Friedrich
- Gundula Gause
- Petra Gerster
- Thomas Gonsior
- Barbara Hahlweg
- Maybrit Illner
- Andreas Klinner
- Norbert König
- Jürgen Kolb
- Nadine Krüger
- Heiko Kunzmann
- Markus Lanz
- Eva-Maria Lemke
- Helen Leuninger
- Carsten Rüger
- Thomas Schmeken
- Christian Semm
- Christian Sievers
- Geraldine Sievers
- Marietta Slomka
- Ralph Szepanski
- Elmar Theveßen
- Babette von Kienlin
- Christina von Ungern-Sternberg
- Oliver Welke
- Heinz Wolf

Download

Die Inhalte der CD und weitere Hörbeispiele zu den Übungen in diesem Buch sind auch als Download verfügbar unter:

www.schott-music.com/web-codes
Webcode: eB17rS1

Danke

Ganz besonders danke ich der Schauspielerin, Sprecherzieherin und Dozentin Ulrike Völger, ohne die dieses Buch nie zustande gekommen wäre. Erst mit ihrem Erfahrungsschatz und ihren erfrischenden Übungen hat dieses Buch das wertvolle Fundament erhalten, das ein Lehrbuch braucht.

Zudem bin ich all denen dankbar, die mich bei der Entstehung dieses Werkes ermutigt und gedanklich und inhaltlich unterstützt haben:

Elsbeth und Reinhold Bartel, Marko Bast, Oliver Bergner, Thomas Gonsior, Joachim Haubrich, Monika Heinrich, Gerd Hubel, Guido Jahn, Michael Knull, Jürgen Kolb, Conny Krause, Kyung-Sook Park, Prof. Wilhelm Pietsch, Hildegard von Puttkamer, Annette Rehn, Lutz Reimer, Angelika Thomas-Semm, Geraldine Sievers, Stefan Wachtel.

Ein ganz herzliches Dankeschön geht an alle Medienexperten, die bei der CD mitgewirkt haben und damit das Benefizprojekt zugunsten der Deutschen Gesellschaft für Sprachheilpädagogik e. V. (dgs) ermöglicht und unterstützt haben.

Danke • Fotonachweis

Fotonachweis

Cover: FOTOdesign Kerstin Bänsch/
www.Kerstin-baensch.com
S. 6: © luckybusiness/Fotolia.com
S. 9: © lklyt/Fotolia.com
S. 10: © crtreasures/Fotolia.com
S. 12: © kasto/Fotolia.com
S. 13: © iStock.com/TommL
S. 14: © aerogondo/www.stock.adobe.com
S. 15: © Minerva Studio/Fotolia.com
S. 16: © VTT Studio/www.stock.adobe.com
S. 17: © Alex White/Fotolia.com
S. 18: © contrastwerkstatt/www.stock.adobe.com
S. 19: © animaflora/Fotolia.com
S. 20: © rfvectors.com/Fotolia.com
S. 21: © kasto/Fotolia.com
S. 22: © iconsmaker/Fotolia.com
S. 23: © Marco2811/Fotolia.com
S. 24: © turgaygundogdu/Fotolia.com
S. 25: © Björn Wylezich/Fotolia.com
S. 27: © Mammut Vision/Fotolia.com
S. 28: © Kittiphan/Fotolia.com
S. 29: © Vladimir Voronin/www.stock.adobe.com
S. 30: © lassedesignen/Fotolia.com
S. 31: © bilderstoeckchen/Fotolia.com
S. 33: © vege/Fotolia.com
S. 35: © M.Dörr & M.Frommherz/Fotolia.com
S. 43: © K.-U. Häßler/Fotolia.com
S. 51: © areeya_ann/Fotolia.com
S. 63: © ALDECAstudio/Fotolia.com
S. 81: © ALDECAstudio/Fotolia.com
S. 137: © furtseff/Fotolia.com
S. 150, 151, U4: FOTOdesign Kerstin Bänsch/
www.Kerstin-baensch.com

Hinweis

Weder der Autor noch der Verlag übernehmen Verantwortung für eventuelle gesundheitliche Schäden, die durch die Durchführung der Übungen in diesem Buch entstehen könnten.

Personen mit erhöhtem Blutdruck oder kardiovaskulären Vorerkrankungen sollten auf kraftaufwendige Atemübungen verzichten. Vermeiden Sie starke Pressatmungen besonders im Sitzen und machen Sie immer wieder Pausen!

Impressum

Bestellnummer: ED 22510
ISBN 978-3-7957-0972-3
Umschlag: Matthias Seidel / www.seideldesign.net
Layout, Satz, Grafik: Maren Blaschke
Illustrationen: Anna-Lena Kühler (S. 36, 39, 41, 44-48, 53, 55, 56, 58, 61, 68, 70, 74, 76, 82)
Redaktion: Monika Heinrich

www.schott-music.com
© 2017 SCHOTT MUSIC GmbH & Co. KG, Mainz
Printed in Germany · BSS 57505